Sprach*freunde* 3
Sprechen ■ Schreiben ■ Spielen

D1720577

Erarbeitet von
Ilse Noack
Peter Sonnenburg
Eva Tosch
Ruth Wolt
Nina Bartoniček
Helen Fürniß
Christine Szelenko

Illustriert von
Christa Unzner
Uta Bettzieche
Karl-Heinz Wieland

SteCCa

Sprachfreunde 3

■ ■ ■ Sprechen ■ Schreiben ■ Spielen

Berlin, Brandenburg,
Mecklenburg-Vorpommern

Ein Sprachbuch
für die Grundschule

Volk und Wissen Verlag

Wir danken
Evelyn Rebbin, Marianne Heidrich, Heidemarie Dammenhayn,
Gerda Bandilla, Kirsten Tenhafen, Antje Delonge, Heike Wessel
für die Beratung und Begutachtung.

Redaktion: Margit Engler, Gerhild Schenk, Sabine Kierzek

Der Inhalt des Werkes folgt der reformierten Rechtschreibung
und Zeichensetzung. Währungsangaben erfolgen in Euro.

Volk und Wissen im Internet

http://www.vwv.de/webtipp_gs.html

ISBN 3-06-103320-3

1. Auflage
5 4 3 2 1 / 08 07 06 05 04
Alle Drucke dieser Auflage sind im Unterricht parallel nutzbar.
Die letzte Zahl bedeutet das Jahr dieses Druckes.
© Volk und Wissen Verlag GmbH & Co. OHG, Berlin 2004
Printed in Germany
Einband: Christa Unzner, Gerhard Medoch, Uta Bettzieche
Illustration: Christa Unzner, Uta Bettzieche, Karl-Heinz Wieland
Layout: Marion Röhr
Reproduktion: Licht &Tiefe, Berlin
Druck und Binden: CS-Druck, Berlin

Inhalt

In der Schule

Die Schule macht die Türen auf,
das Schuljahr läuft den ersten Lauf,
beginnt mit neuem Plan.
Den gilt es zu erfüllen – ran!

Werner Lindemann

Nach den Ferien gibt es viel zu erzählen.
Bringe ein Andenken aus deinem
Urlaub mit und erzähle darüber!

Wir sprechen miteinander

Die Kinder der Klasse 3a stellen Fragen zum neuen
Schuljahr und äußern ihre Wünsche:

1 Lest die Wünsche und Fragen der Kinder!
Welche Probleme gibt es in der Klasse 3a?
Sprecht darüber!

2 Was ist dir für das neue Schuljahr wichtig?
Schreibe es auf und sprich darüber!

Die Kinder der Klasse 3a sprechen
über Martins Problem:

3 Was hältst du von diesen Regeln?

Wer am lautesten spricht, hat Recht.

Ich lasse andere ausreden.

Ich spreche laut und deutlich.

Ich schnippe mit den Fingern.

Wir lachen keinen aus.

Ich höre gut zu, wenn andere sprechen.

4 Welche Regeln sollen in Zukunft für deine Klasse gelten?
Schreibe selbst zwei Regeln auf!

5 Stellt Regeln für eure Klasse
zusammen!

☆ Welche Probleme habt ihr in der Klasse?
Unterhaltet euch darüber und
nehmt das Gespräch auf Kassette auf!

Klassenregeln
• Ich melde mich, wenn ich
  etwas sagen möchte.
• Ich frage nach, wenn ich
  etwas nicht verstanden
  habe.

Neues über Nomen

1 Was ist für dich nach den Ferien in der Schule neu?
Schreibe so: *die neuen ..., ...*

Die Sammelwörter am Rand helfen dir.

Erinnere dich:

Namen für Personen und Dinge sind
Namenwörter (Nomen):
Willi, Luzie, das Buch
Ich schreibe sie am Wortanfang **groß**.
Ich erkenne sie auch am **Begleiter (Artikel):**
der Mann, die Frau, das Buch, ein Lehrer, eine Lehrerin

die	Bücher
das	Fach
die	Fächer
der	Freund
die	Freundin
die	Lehrer
die	Lehrerinnen
ein	Mitschüler
eine	Mitschülerin
der	Schulweg
der	Klassenraum

2 Die Kinder sprechen über die **Wünsche** und
die **Fragen**, die sie haben. Damit alles klappt,
schreiben sie sich wichtige **Regeln** auf.

Überlege, warum die blauen Wörter
im Text großgeschrieben werden!

Wörter wie *der Wunsch, die Sorge, eine Frage,
eine Bitte, der Gruß* sind auch **Nomen**.
Sie können einen **Artikel** haben.

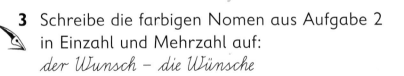

Wir sind
nicht neu.

Wir waren
schon in der
2. Klasse dabei.

3 Schreibe die farbigen Nomen aus Aufgabe 2
in Einzahl und Mehrzahl auf:
der Wunsch – die Wünsche

4 HANNA IST NEU IN DER KLASSE. ZUERST HÖRT SIE NUR ZU,
ABER DANN STELLT SIE AUCH EINE FRAGE. SIE IST AUFGEREGT
UND SPRICHT GANZ LEISE. FRAU BACH NIMMT IHR DIE ANGST

Sprich den Text leise! Welche Wörter
musst du großschreiben? Sage, warum!

Denke auch an
die Satzanfänge!

Schreibe nun den Text auf: *Hanna ist neu ...*

Nomen (Abstrakta); Satz; Großschreibung

5 Luzie und Willi haben die Bücher
der Lese-Ecke neu geordnet.
Schreibe für jeden Stapel
einen Namen auf:

1. *Tierbücher*
2. …
3. …

Zusammengesetzte Nomen setzen sich aus
Bestimmungswort und **Grundwort** zusammen.

das **Märchen**　　　　das **Buch**

das **Märchenbuch**

Grundwörter sind immer Nomen.
Bestimmungswörter können sein:

- Nomen – der Hund: *das Hundebuch*
- Tätigkeitswort (Verb) – schreiben: *das Schreibpapier*
- Eigenschaftswort (Adjektiv) – rot: *der Rotstift*

6 Benenne die Dinge richtig:
Ein <u>Heft</u>, in dem du <u>schreiben</u> kannst, ist ein *Schreibheft*.
Ein <u>Buch</u>, in dem du <u>lesen</u> kannst, ist ein …
<u>Stifte</u>, die <u>bunt</u> sind, heißen …

7 Schreibe
zusammengesetzte
Nomen auf!

Mit dem Alphabet spielen

1 Warum solltest du gut mit dem Alphabet umgehen können?

2 Fertige dir auch so ein Leporello an!

ABCDEGI JKLNOPQSUNXZ

3 Übt damit das Alphabet, zum Beispiel so:

Einfach ankleben!

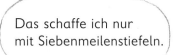

- Einer klappt einen Teil des Leporellos auf.
  Der andere sagt das Alphabet zu Ende.

- Einer nennt einen Selbstlaut.
  Der andere sagt die Mitlaute bis zum
  nächsten Selbstlaut.

- Einer nennt ein Wort. Der andere zeigt ganz schnell
  den Anfangsbuchstaben auf dem Leporello.

- Einer nennt einen Buchstaben.
  Der andere sagt den Vorgänger und den Nachfolger.

4 Denke dir ein Alphabet-Spiel aus,
zum Beispiel zu Buchstaben-Nachbarn,
zu Selbstlauten, … !

☆ Zeichnet auf dem Schulhof ein Alphabet auf,
bei dem die Buchstaben alle
durcheinander sind.
Hüpft in der richtigen Buchstabenfolge!

Das schaffe ich nur
mit Siebenmeilenstiefeln.

5

1	B	C	D	E	F	7	H	I	J	11	L	13

N	O	16	Q	R	S	20	21	V	23	X	25	Z

Welche Buchstaben verstecken sich hinter den Zahlen?
Schreibe sie auf!

6 Wie heißt der Satz?

| 20 | 15 | 12 | 12 |, | 4 | 21 | | 11 | 1 | 14 | 14 | 19 | 20 | | 4 | 1 | 19 |

| 1 | 2 | 3 | | 19 | 3 | 8 | 15 | 14 | | 7 | 21 | 20 |.

7 Nenne drei aufeinander folgende Buchstaben und reime!
Dein Partner nennt die nächsten drei. Übt so weiter!

8 Welche Buchstaben-Nachbarn findest du in diesen Wörtern?
Schreibe sie heraus: *Aufgang, Opa, der, demnach,
hinten, sparsam, aber, klein, turnen*

☆ Wenn das **Qu** nicht wär erfunden,
dann wär alles schief und krumm, denn
dann hießen QUALLE und QUELLE
ALLE und ELLE,
das wär dumm.

Nach James Krüss

Reime so auch mit diesen Wortpaaren:

KANNE	**P**LATTE	**R**AUCH	**M**AST	**T**ANNE
und	und	und	und	und
KEGEL	**P**LATZ	**R**ECHT	**M**IST	**T**ASCHE

Mit dem Wörterverzeichnis oder Wörterbuch arbeiten

1 Sucht diese Wörter!
Wie heißt:
- das erste Stichwort mit **T** und **b**?
- das erste Lebewesen mit **K**?
- der erste Gegenstand mit **G**?
- das erste Nomen mit **W**?
- das erste Tätigkeitswort (Verb) mit **m**?
- das erste Eigenschaftswort (Adjektiv) mit **k**?

Übt auch mit anderen Buchstaben!

2 Probiert das Spiel aus:

3 Suche zu den Bildern die Nomen!
Schreibe sie den Zahlen nach geordnet auf!
Die Anfangsbuchstaben ergeben ein neues Wort.

4 Schreibe Wörter mit nur zwei Buchstaben:
wo, in, im, ...
Ordne sie dann
nach dem Alphabet!

Zweimal **i**
am Anfang?

Ordne nach dem
2. Buchstaben, denn
m kommt vor **n**.

5
- Wählt einen Anfangsbuchstaben: **N**
- Nennt damit ein Nomen
in der Mehrzahl: **N**ashörner
- Nennt ein dazu passendes
Tätigkeitswort (Verb): **N**ashörner niesen.
- Sucht ein dazu passendes
Eigenschaftswort (Adjektiv): **N**asse **N**ashörner niesen.

Die Sätze können auch länger werden.

> Willi Wichtig
> wittert wieder
> Witze.

6 **L**ustige **L**eute **l**achen **l**ieber.
Ordne diese Wörter nach dem Alphabet!
Achte dabei auf den zweiten Buchstaben!

7 **Br**uder **Br**ezel **br**ingt **br**aune **Br**ote.
Ordne die Wörter
nach dem Alphabet!

> Br…?

> Wenn alle Wörter
> mit **br** anfangen,
> ordne ich sie nach
> dem 3. Buchstaben:
> br**a**un, Br**e**zel, …

8 Suche jeweils fünf Wörter, die
mit **so** und mit **ge** anfangen!
Schreibe sie auf!

das **Snowboard** (Schneegleiter),
  die Snowboards,
  die Snowboarder

so
so; rede nicht so viel!
die **Socke**, die Socken,
  die Söckchen
der **Sockel**, die Sockel
das **Sofa**, die Sofas
  sofort
die **Sohle**, die Sohlen

die **Sonne**, die Sonnen
sich **sonnen**, du sonnst dich,
  sie sonnte sich
sonnig, ein sonniger Tag
Sonntag, sonntags,
  am Sonntagabend
sonst; geh, sonst kommst du
  zu spät!
die **Sorge**, die Sorgen
sorgen, du sorgst, er sorgte,
  gesorgt
sorgfältig, sorgfältig arbeiten

Aus ABC-Detektiv

9 Ordne die folgenden Wörter
nach dem Alphabet:
*alle, Apfel, ändern, Ohr, öffnen,
oft, unser, Uhr, Übung*

 Die Umlaute **ä**, **ö**, **ü** findest du
bei den Selbstlauten **a**, **o**, **u**.
Zum Beispiel steht *tüchtig* <u>zwischen</u> den Wörtern *Tuch* und *tun*.

Übung macht den Meister

Wörter mit b und g in der Wortmitte und am Wortende

1 Schreibe die Wörter der Wortleiste auf Kärtchen!
Ordne sie in deine Wörterkiste ein! Kennzeichne:

- die Nomen – **blau**
- die Tätigkeitswörter (Verben) – **rot**
- die Eigenschaftswörter (Adjektive) – **grün**

Sammle die übrigen Wörter in einem anderen Fach!

der Berg
das Flugzeug
gelb
heben
klug
der Korb
der Weg

einige
halb
selber

genug
selbst

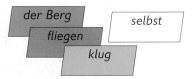

Meine Wortkarten haben
verschiedene Farben.

Meine Wortkarten
haben farbige Ecken.

2 Suche die beiden Eigenschaftswörter
(Adjektive) der Wortleiste im
Wörterverzeichnis! Schreibe ab,
was bei den **Stichwörtern** steht!

Stichwort?

Immer **fett** gedruckt.

3 Welche sechs Wörter haben sich
in dem Buchstabenkasten versteckt?
Lies von oben nach unten!
Vergleiche mit der Wortleiste!

A	K	F	H	K	L
H	O	G	G	L	M
A	R	B	E	U	W
L	B	E	L	G	E
B	D	R	B	R	G
C	B	G	I	K	N

4 Kennzeichne in den gefundenen
Wörtern den letzten Buchstaben!
Schreibe dann zu den Nomen
die Mehrzahl!

5 Finde zusammengesetzte
Nomen mit **Korb**!
Schreibe so:
der Korbball, der Obstkorb

6 Was ist **gelb** und wer ist **klug**?

der Stift, der Freund, die Freundin, die Butterblume, der Hund,
die Sonnenblume, der Briefkasten, der Gedanke
Schreibe so: *gelbe Stifte, kluge Freunde, ...*

Erinnere dich:

Du erkennst **b** oder **p**, **g** oder **k** am Wortende, wenn du
die Wörter verlängerst: *der We**g** – die We**g**e, klu**g** – klu**g**e Hunde*

7 Immer die Hälfte. Ergänze richtig:

der halbe Apfel, die ... Tomate, eine ... Stunde,
der Halbkreis, der ...mond, die ...kugel

8 Ergänze die Wörter und schreibe die Sätze ab:

Ein Auto ist ein Fahrzeug.
Puppe und Ball sind ...zeug.
Bleistift und Füller sind ...zeug.
Eine Maschine, die fliegen kann, ist ein ...zeug.

fahr	en
spiel	en
schreib	en
flieg	en

9 Was kannst du schon **selbst** tun, was nicht?

die Schultasche packen, das Frühstück machen, Auto fahren,
am Computer arbeiten, mit der Wörterkiste üben
Schreibe dazu zwei Sätze!

10 Überlegt, wie ihr den Text
üben könnt!

> Was bedeuten
> die Striche im Text?

Zum Üben Der Schulweg
Kai und Ina haben / einen gemeinsamen Schulweg.
Am Berg / sehen sie auch Nora. Sie hat ihre gelbe
Jacke an. Vor der Schule warten schon / einige Mit-
schüler und Freundinnen. Nun gehen sie / auf den
Schulhof und spielen Korbball.

Für meine Freunde

Geheimnisse

☆ Willi und Luzie haben Geheimnisse.
Sie schreiben sich Zettel in Geheimschrift.

🥜 Löse das Geheimnis!

Ich folge der Spur.

Klarer Fall! Immer der Vorgänger!

☆ Wer eine geheime Nachricht entschlüsseln soll,
bekommt den Schlüssel-Code. Bewahrt ihn sicher auf,
damit die Nachricht auch wirklich geheim bleibt.

Denke dir auch einen Schlüssel-Code
für eine Geheimschrift aus!

Meine Freundin heißt EIZUL GITSUL.

2 für A
3 für B
4 für C
5 für D
6 für ...

A⁄ = A
B = B
ᐰ = C
Φ = D
Ⅎ = E

☆ Schreibe selbst eine geheime Botschaft
für einen Freund oder eine Freundin!

Im Herbst

Es kommt eine Zeit,
da hat die Sonne
alle Arbeit getan.
Die Äpfel sind rot.
Die Birnen sind gelb …

Elisabeth Borchers

Ich denke mir eine Geschichte mit einem Feuer speienden Drachen aus.

Muss das schön sein so zu fliegen!

Sprecht über das Herbstbild!
Hört gut zu und ergänzt!

19

Der Wind ist aus Luft

Er fährt durch die Eichen.
Er heult über den Teichen.

Er geigt auf den Drähten.
Er bläst Rauch aus den Städten.

Er jault auf Turmstiegen.
Er bläst Rauch aus den Städten.

Nachts faucht er durch die Ritzen.
er kühlt uns, wenn wir schwitzen.

Er schleppt Wolken in Wüsten.
Schiffe wirft er an Küsten.

Er weht über die Heide
und bestäubt das Getreide.

Er säuselt in Herbstzweigen.
Er hilft Drachen beim Steigen.

Rainer Kirsch

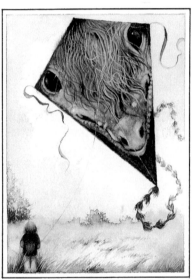

 1 Lies, was der Wind alles kann!
Schreibe es so auf:
er fährt – fahren
er heult – heulen

Erinnere dich:

> Tätigkeitswörter (Verben) sagen, was jemand tut
> oder was geschieht: *Der Wind* (heult). *Es* (regnet).

 ☆ Was kann der Wind noch?

2 Lies den Satz so lange, bis du ihn verstanden hast:

WENN IM HERBST FLIEGEN FLIEGEN, FLIEGEN FLIEGEN
NICHT MEHR LANGE.

 Schreibe ihn dann in Schreibschrift ab!

Wortschatzarbeit, gebeugte Verbform / Personalform

3 Sprich die Sätze so, dass du erkennst, welche Satzzeichen du setzen musst! Schreibe nun die Sätze auf:

Kommst du mit zur Drachenwiese ?

Heute weht ein guter Wind .

Haltet die Schnur fest !

Lauft immer gegen den Wind !

Schon beginnt der Drachen zu steigen .

Ist denn unsere Schnur lang genug ?

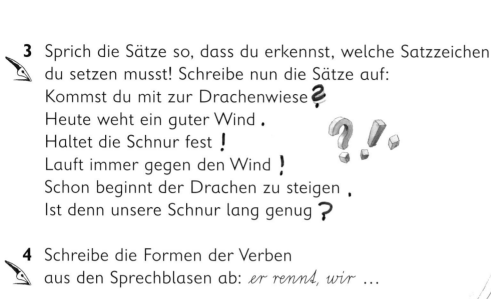

4 Schreibe die Formen der Verben aus den Sprechblasen ab: *er rennt, wir* …

Erinnere dich:

verschiedene Personen – verschiedene Endungen:

er rennt, sie rennen

Willi rennt nicht schnell genug.

Wir rennen zusammen.

Du rennst in die falsche Richtung.

Ich renne, so schnell ich kann.

5 Lege so eine Tabelle an und ordne alle Formen von **fliegen** ein:

Du kannst den Wortstamm unterstreichen und die Endung übermalen: *fliegen*

	Einzahl	Mehrzahl
1. Person	*ich fliege*	*wir …*
2. Person	*du …*	*ihr fliegt*
3. Person	*er, sie, es …*	*sie …*

Herbstgeschichten

Klara hat den Anfang für eine Drachengeschichte aufgeschrieben:

> Es ist Sonntag. Laura will ihren Drachen steigen lassen. Ihre Mutter und ihr Vater haben keine Zeit. Laura macht sich auf den Weg zur Drachenwiese. Da, wo sie den Drachen steigen lässt, stehen viele Bäume. Plötzlich schreit Laura: „Hilfe, mein Drachen hängt im Baum!" ......

Paula hat die Geschichte weitergeschrieben:

Sie weinte. Sie sprach mit sich selbst und sagte: „Wie soll ich den Drachen bloß runterholen?" Auf den Baum zu klettern hatte keinen Sinn, denn der Stamm war zu glatt. Laura lief nach Hause. Aus der Garage holte sie eine Leiter und lief mit der Leiter schnell zum Baum. Nun stellte sie die Leiter an den Baum und holte den Drachen runter. Nun brachte sie den Drachen und die Leiter in den Keller. Für den Rest des Tages hatte sie genug vom Drachensteigen.

3 mal Leiter?

Johannes hat die Geschichte so beendet:

Sie ist verzweifelt. Sie versucht auf den Baum zu klettern, doch sie rutscht immer ab, denn es ist schon ein bisschen Frost. Sie rennt nach Hause und sagt, was passiert ist. Ihre Mama und ihr Papa haben jetzt Zeit. Sie rennen Laura hinterher. Als sie den Drachen sehen, wie er da so hängt, bezweifeln sie, den Drachen heil runter zu bekommen. Der Papa macht der Mama eine Räuberleiter und sie holt den Drachen aus dem Baum. Er ist ein bisschen gerissen, aber das bekommt man wieder hin. Laura ist glücklich ihren Drachen wiederzuhaben. Sie hatte richtig Herzklopfen, als ihr Drachen im Baum hing.

1 Lest euch die Geschichten vor und gebt ihnen eine Überschrift!

2 Vergleicht die beiden Geschichten! Welche gefällt euch besser? Begründet eure Meinung!

3 Schreibe Wörter und Wortgruppen heraus,
die dir gefallen!

4 Schreibe eine 3. Möglichkeit zu Lauras Missgeschick
oder eine eigene Herbstgeschichte!

Wenn ihr eure Geschichte vorlest,
müssen sich die Zuhörer alles gut vorstellen können.
Verwendet deshalb treffende Verben,
aber schreibt auch, **wie** die Dinge sind.

Erinnere dich:

> Eigenschaftswörter (Adjektive) sagen, wie etwas ist:
> *der **bunte** Drachen*
> *Der Drachen ist **bunt**.*

5 **Wie** der Wind sein kann: *kalt, stark,
schwach, warm, heftig, stürmisch*

Wähle Eigenschaftswörter (Adjektive)
aus und ergänze: *ein … Nordwind,
ein … Ostwind, ein … Südwind,
ein … Westwind*

Kikeriki!
Welcher Wind
weht hie?

Heute weht ein
kräftiger Ostwind.

6 Welche Windwörter haben sich hier versteckt?
Nenne und erkläre sie!

Wähle dir auch drei Windwörter für eine kleine Windgeschichte aus!

An einem schönen Herbsttag zog ich meine Windjacke an
und fragte unseren Windhund Hasso: „Wollen wir Gassi gehen?"
Ich wollte mit meinem Fahrrad fahren und er sollte
nebenher rennen, aber er bellte und bellte.
Ob er vor der bunten Windmühle am Lenker Angst hatte?

Wir feiern ein Apfelfest

Die Klasse 3a möchte ein Apfelfest feiern.
Damit das Fest gelingt, planen die Kinder,
was zu tun ist und wer wofür verantwortlich ist:

Was?	Wer?
Einladung schreiben	alle
Äpfel besorgen	Kinder, die einen Garten haben
Apfelkuchen backen	Tamara, Boris und ihre Omas
Apfelrezepte mitbringen	Robert, Lisa
Spiele vorbereiten	Ali, Uli, Klara, Julia

1 Was plant ihr alles für euer Apfelfest?
Sprecht darüber! Stellt auch einen Plan auf!

2 Apfel-Wettspiel

die Kelle
ein Apfel
rennen
die Bank
das Hindernis
springen
laufen
schnell
zurück
übergeben

 Schreibe dazu eine Spielanleitung:
*Das Spiel heißt ... Zwei Mannschaften stellen
sich nebeneinander auf. Die ersten Spieler ...*

☆ Du kannst dir auch selbst ein Apfelspiel ausdenken.
Prüft, ob ihr danach spielen könnt!

3 Apfel-Wortspiel

braten   Mus

Kuchen   Schale

Baum   fallen

Winter   Saft   Ernte

Und Pferdeäpfel?

Erdäpfel sind auch Herbstfrüchte.

 Schreibe zusammengesetzte Nomen und ordne sie so:

Bestimmungswort Apfel-	Grundwort -apfel
Apfelbaum	Fallapfel
…	…

4 Am Ende der Feier wird aufgeräumt:

Die übrigen Äpfel sollen in den Keller

Hilf mir bitte

Nimm du den Korb

Ist er dir zu schwer

Gib mir die Stiege

Wo sind die anderen

Wir schaffen es auch allein

 Schreibe die Sätze ab und setze die Satzzeichen!

5 Schreibe die Tabelle ab und ergänze die Formen der Verben:

1. Person	2. Person	Aufforderung	Grundform
ich helfe	du hilfst	hilf	helfen
ich nehme	du nimmst	…	…
…	…	…	geben

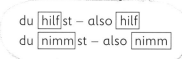

Hilfe!

 Die 2. Person Einzahl *du gibst* verrät dir, wie die Aufforderung heißt: *Gib!*

du hilf st – also hilf
du nimm st – also nimm

Übung macht den Meister

Wörter mit d in der Wortmitte und am Wortende

1 Was kannst du im Herbst
finden, schneiden, binden? Schreibe Sätze!

das Band
binden
das Bild
bilden
das Feld
finden
der Freund
gesund
das Rad
rund
schneiden
senden
die Wand
wandern

2 Diktiert euch zuerst die Grundformen
der Verben aus der Wortleiste!
Schreibt dann so:
binden, ich binde, du bindest

3 Schreibe die Sätze ab und setze die Satzzeichen:
Binde dir bitte eine Schürze um ☐
Schneide den Kürbis in kleine Stücke ☐
Kürbis ist gesund ☐
Wanderst du gern ☐
Findest du den Weg ☐

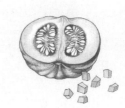

4 Reime mit Wörtern aus der Wortleiste:

Eine Schleife kannst du binden,
1-2-3, du musst mich …

Sich verkleiden,
Kürbis …

die Erde ist r…

Obst ist ge…,

Schreibe die Reimwörter mit **d** auf
und suche dazu verwandte Wörter!

5 Ergänze verwandte Wörter! Unterstreiche den Wortstamm:

finden, du findest, er ..., der F...,
der Fund, das ...büro, der ...ort, ge...

6 Ordne die Nomen aus der Wortleiste
nach ihrem Artikel!
Schreibe sie in Einzahl und Mehrzahl auf:
das Band – die Bänder, das ... – ...

7 Reime weiter und setze die Reimwörter in die Mehrzahl:

die Hand	das Kind	das Bild
das B...	das R...	das Sch...
die W...	der W...	das W...

8 Schreibe zusammengesetzte Nomen
mit **Rad**: *das Hochrad, ...*

Wind   **fahren**

Weg   **RAD**   **Riese**

drei   hoch

9 Ordne diese Nomen nach dem Alphabet:
die Binde, das Bild, das Band, das Bund, das Bad, der Boden

> **Zum Üben**   Für ein Herbstfest
> Ines und Maxi schneiden Obst / für einen Salat.
> Martin und Tobias / kleben aus bunten Herbstblättern
> ein Bild. Klara hat auf einem Felt / Maiskolben   **I**
> gefunden. Sie bindet sie / an eine Schnur.
> Markus schneidet in ein_ Kürbis / runde Löcher.   **+**

Ich berichtige wie in Klasse 2.

Ich verlängere das Wort: Fel<u>d</u>er.

 Das **+** ist ein neues Zeichen für einen Fehler.
Berichtige ihn so: • Lies den Satz und überlege, was falsch ist!
• Schreibe den Satz noch einmal richtig:
Markus schneidet in ein<u>en</u> Kürbis runde Löcher.

Wörter mit t in der Wortmitte und am Wortende

1 Im Herbst wird geerntet.

Es war eine gute  Ernte ,

aber eine schlechte Ernte .

Es war eine reiche Ernte ,

aber eine magere  Ernte .

 Bilde zusammengesetzte Nomen
mit dem Grundwort Ernte : *die Kartoffelernte, …*

2 Schreibe immer das Gegenteil:
ein *schmaler* Weg – ein *breites* Beet
eine *weiche* Birne – eine … Nuss
eine *junge* Pflanze – ein … Baum
ein *warmer* Tag – eine … Nacht
eine *schwere* Kiepe – ein … Korb

Welche Wortart hast du ergänzt?

 Kennst du diese Redewendungen?
Du bist l… wie eine Feder.
Es ist w… und br… niemand zu sehen.
Das Brot ist h… wie Stein.

Du findest alle Wörter in der Wortleiste.

 Schreibe dein schwerstes Wort auf!
Beim Üben kannst du abgucken.

alt
breit
die Ernte
ernten
hart
kalt
die Karte
leicht
der Ort
weit
die Zeit

> Ganz schön schwer, das Wort.

Zum Üben Apfelernte
Die Äpfel lassen sich leicht / vom Baum lösen.
Sie sind aber / noch sehr hart. Ich lege die schönsten
Äpfel / in breite Obststiegen. Diese kommen dann /
an einen kalten und dunklen Ort.
Ich freue mich schon / auf die Bratäpfel.

Wörter üben mit der Wörterkiste

Erinnere dich:

In der 2. Klasse haben die Kinder so mit der Wörterkiste geübt:
- Karte nehmen und lesen
- Karte umdrehen und schreiben
- Vergleichen ⟶ richtig ⟶ ins 2. Fach
  ⟶ falsch ⟶ zurück ins 1. Fach und weiter üben

Jetzt zeigen sie dir, wie man noch üben kann:

- Tom schreibt die Nomen auf
  und ordnet sie nach den Artikeln.

- Julia nimmt Adjektive aus der Kiste
  und schreibt sie nach dem Alphabet geordnet auf.

- Marie und Max diktieren sich gegenseitig Verben.

- Anna wählt sich ein Verb aus der Kiste aus.
  Sie merkt sich den Wortstamm und schreibt
  die Personalformen mit *ich, du, er, sie, es* auf.

- Sascha, Martin und Julia arbeiten als Gruppe:
  Einer sucht ein Nomen heraus,
  der andere ein passendes Adjektiv.
  Julia bildet daraus eine Wortgruppe, die alle aufschreiben.

So könnt ihr auch üben.
Beratet über weitere Möglichkeiten!

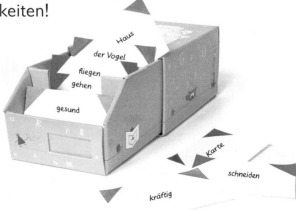

Für meine Freunde

Kleine Apfelgeschenke

Julia hat ein Apfel-Elfchen auf ihre Einladung
zum Apfelfest geschrieben:

Apfel,
du süßer!
Du schmeckst mir.
Ich esse dich täglich.
Made?

☆ Dichte auch ein Elfchen!
   Denke dabei an die elf Wörter!

☆ Tanja hat ein Apfelmännchen gebastelt.
   Geht es so?

Zuerst lege ich mir einen großen und einen kleinen Apfel,
ein Hölzchen, 2 Gewürznelken, Buntpapier und etwas Watte zurecht.

Dann bekommt mein Apfelmännchen noch
ein Gesicht mit einem Bart aus Watte.

Zum Schluss setze ich ihm
ein spitzes Hütchen auf.

Nun steche ich das Hölzchen
in den großen Apfel und setze
den kleinen Apfel als Kopf darauf.

Wenn du die Sätze
richtig ordnest,
dann klappt es.

Robert schlägt ein Apfel-Rezept vor:

Apfelmüsli

- 1 oder 2 Esslöffel Haferflocken,
  1 Esslöffel Jogurt, 1 Esslöffel Honig
  mit 2 oder 3 Esslöffeln Wasser vermischen
- einen Apfel gut waschen und mit der Schale reiben,
  einen Esslöffel Zitronensaft dazugeben
- Apfelbrei und Haferflockenbrei mischen

In meinem
Rezeptbuch ist
noch viel Platz.

☆ Vielleicht wollt ihr es ausprobieren?

Miteinander leben

Sehnsucht kommt von
sehnen, suchen.
Sehnsucht kommt von
ganz allein.
Wer schon will die ganze Zeit
nur mit sich zusammen sein?

Walther Petri

Sprich über das Gedicht
und zu den Bildern!

Heute ist Willi
mal wieder …

Manchmal
finde ich Luzie
einfach komisch.

Miteinander leben in der Familie

Nichts für Papas

Heute ist Fernsehabend. Lene will einen Krimi sehen,
aber Papa sagt: „Krimis sind nichts für kleine Kinder."
Lene muss ins Bett. Sie kann nicht einschlafen.
Sie tappt durch den Flur. Sie geht
ins Wohnzimmer. Papa schaut den Krimi
und merkt nichts. Lene tippt auf
Papas Schulter. „Hilfe!", schreit Papa.
„Hilfe! Räuber!" Mama lacht.
„Krimis sind auch nichts für Papas", sagt sie.

Nach Frauke Nahrgang

1 Erzähle, was Lene gestern erlebt hat:

Gestern (war) Fernsehabend. Lene (wollte) ...

2 So ist es:
Lene muss ins Bett.
Sie tappt durch den Flur.
Papa schaut den Krimi.
Lene tippt auf Papas Schulter.

So war es:
Lene musste ins Bett.
Sie tappte durch den Flur.
Papa schaute den Krimi.
Lene tippte auf Papas Schulter.

Vergleiche und nenne die Formen der Verben!

 Schreibe nun so:

So ist es	So war es
sie muss	sie musste

Ich habe
geweint.

Gegenwart (Präsens) und **Vergangenheit (Präteritum)**
sind zwei verschiedene Zeitformen der Verben.

Es geschieht jetzt.
(Präsens/Gegenwart):
er sagt, sie lacht

Es geschah.
(Präteritum/Vergangenheit):
er sagte, sie lachte

Es gibt noch mehr Zeitformen der Verben.

3 Erinnert ihr euch noch an Yunus aus
dem Kinderbuch „Ein Buch für Yunus"?
Yunus lebt bei seiner Mutter.
Sie wohnt nicht mit Yunus Vater zusammen.
Die Eltern vertragen sich nicht mehr so gut.
Jetzt leben sie in zwei verschiedenen Wohnungen.
Nun will Yunus gern einen Stiefvater haben.
Deshalb wünscht er sich, dass Mutti ihren Freund
heiratet. Und wenn sein richtiger Vater auch
eine andere Frau nimmt, hat Yunus vier Eltern
und noch mehr Großeltern.
Yunus will ein Buch über diese große Familie schreiben.
Er nennt es „Irgendetwasbuch".

Nach Anja Tuckermann

Stellt fest, für welche Nomen
die farbigen Wörter stehen:
sie steht für **Mutter**, sie steht für **Eltern**,
er …, es …

> Für **Personen** und **Dinge** stehen oft **er, sie, es**
> (Einzahl) und **sie** (Mehrzahl). Diese Wörter heißen
> **persönliche Fürwörter (Personalpronomen)**.
> **Ich, du, wir, ihr** sind auch **Personalpronomen**.

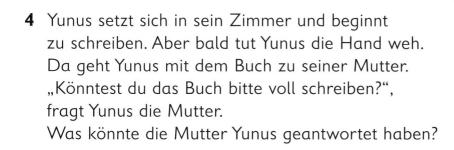

Ich kann sie
schon auswendig:
*ich, du, er, sie, es,
wir, ihr, sie.*

4 Yunus setzt sich in sein Zimmer und beginnt
zu schreiben. Aber bald tut Yunus die Hand weh.
Da geht Yunus mit dem Buch zu seiner Mutter.
„Könntest du das Buch bitte voll schreiben?",
fragt Yunus die Mutter.
Was könnte die Mutter Yunus geantwortet haben?

Sprich den ganzen Text leise. Dann hörst du heraus,
wo ein Personalpronomen besser passt.
Probiere!

Personalpronomen anstelle von Nomen erkennen und verwenden

Miteinander befreundet sein

Tamara stellt ihre Freundin Lisa vor:

Lisa ist sehr nett. Sie hat rote Haare
und eine kleine runde Brille. Oft lacht sie.
Dabei sieht man ihre silberne Zahnspange.
Sie ist auch nicht sauer, wenn ich manche
Sachen besser kann als sie.
Wenn ich traurig bin, dann tröstet sie mich.
Unsere Geheimnisse kann sie bewahren.

Tobias stellt seinen Freund Janosch vor:

Janosch ist unser Computerspezialist.
Er zeigt uns, wie wir im Internet
surfen können. Er kann gut erklären.
Überhaupt ist er ganz toll. Manchmal
schickt er mir eine E-Mail.

1 Sage, was dir an Lisa
oder Janosch besonders gefällt!

2 Male ein Bild von jemandem,
den du magst!
Schreibe dazu,
wie du die Person findest,
wie sie aussieht,
wie sie sich anderen
gegenüber verhält!

Sie hat eine schöne Frisur.
Sie lacht gern und hat
einen tollen Freund.

Personen beschreiben

Freundschaftsgeschichten

Jerzy* kommt aus Polen.   *(sprich: Jäschi)
Er wollte nicht weg von zu Hause. Aber die Familie siedelte
trotzdem nach Deutschland um. Deutsch zu sprechen war
schwer für ihn. Später schrieb er auf, wie er einen Freund bekam:

Wie Uli mein Freund wurde

Bei schönem Wetter war ich oft im Park. Da hatte ich meine Ruhe.
Doch einmal kam auch Uli dahin. Er setzte sich einfach neben
mich. Ich wurde wütend. Ich wollte keinen aus meiner Klasse
hier im Park haben. Aber er ging nicht weg. Er griff in seine Tüte.
„Sieh mal", sagte er. „Ich habe ein neues Schiff."
Es war ein schönes Schiff. Zuerst wollte ich nicht hingucken.
„Hau ab, lass mich in Ruhe!", sagte ich bestimmt wieder ganz falsch
auf Deutsch. Aber Uli lachte mich nicht aus. Er stand auf und
zog mich am Ärmel zu einem kleinen See. Dort haben wir
das Schiff zusammen ins Wasser gesetzt. „Das Schiff schwimmt",
sagte Uli und ich habe es so nachgesprochen und ihm auch
beigebracht, wie die Worte auf Polnisch heißen.
Den ganzen Nachmittag haben wir mit dem Schiff gespielt.
Und so wurden wir Freunde.

1 Lest Jerzys Freundschaftsgeschichte und
 sprecht darüber!

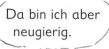

2 Jerzys Text hat eine **Überschrift**, eine **Einleitung**,
einen **Hauptteil** und einen **Schluss**. Wo wird gesagt:
* worum es geht,
* wann und wo alles begann,
* was alles passierte,
* wie alles ausging?
Lies die Stellen vor!

Ich schreibe
über uns.

Da bin ich aber
neugierig.

3 Schreibe selbst eine
 Freundschaftsgeschichte!

Übung macht den Meister

Wörter mit ch in der Wortmitte und am Wortende

1 Unser Hund Sammy
Sammy gehört zur Familie. Er ist ein guter
Wächter. Wenn unser Baby manchmal nachts
aufwacht und weint, steht er gleich am Baby-
körbchen. Er wacht auch in manchen Nächten
an der Wohnungstür. Ihm entgeht nichts.
Er ist besonders wachsam.

das Licht
das Loch
die Nacht
die Sache
schlecht
wachen
die Woche

Schreibe aus dem Text alle Wörter mit **ch** heraus!

Einige Wörter haben denselben Wortstamm.
Kennzeichne ihn:
Wächter, wach..., ...

manche
manchmal
nächste
nicht
nichts

2 Was machst du zu Hause manchmal,
was machst du oft?
den Tisch decken, lesen, einkaufen,
mit Geschwistern toben,
am Computer arbeiten,
fernsehen, ...
Schreibe zwei Antworten auf!

Was ist das?
Loch an Loch
und hält doch.

3 Wie kannst du noch sagen?
Das Wort danach ist das **nä...** Wort.
Die Woche danach ist die ... Woche.
Die Haltestelle danach ist ...
Die Übung danach ...

Vielleicht
meine Strümpfe?
Oder?

Ergänze weiter und schreibe es so auf:
das nächste Wort, die ...

☆ Welche kleinen Wörter haben sich
in folgenden Wörtern versteckt?
Licht, Nacht, schlecht, schwach

Wörter mit sch in der Wortmitte und am Wortende

1 Lisa und Paul sind in den Herbstferien bei ihrer
Oma. Sie wünschen sich zu Mittag Fischstäbchen.
Aber Oma sagt: „Wir gehen lieber auf den
Fischmarkt und kaufen frischen Fisch."
Der Fischverkäufer auf dem Markt ruft:
„Kauft frischen Fisch! Der Fisch
muss frisch auf den Tisch!"

falsch
der Fisch
die Flasche
das Fleisch
— *frisch*
der Mensch
der Tisch
— *waschen*
— *wischen*

Welche mit **Fisch** zusammengesetzten
Nomen entdeckst du?

2 Welche Eigenschaften können
diese Dinge haben? **Schrift** falsch

Fleisch frisch **Schuhe** **Fisch**

Schlüssel schlecht **Laune**

Bilde Wortgruppen:
das frische Fleisch, der ...

Der Fisch
muss
frisch
auf den Tisch!

Frisch
muss
der Fisch
auf den Tisch!

3 Was **wäschst** du?
Was **wischst** du **auf** oder **ab**?
*Wäsche, Fußboden, Hände, Tisch,
Füße, Plüschtiere, Fensterbrett
Ich wasche die ...*

Zum Üben   Einkaufen

Manchmal gehen wir / auf den Wochenmarkt.
Heute kaufen wir auch Fleisch, / frischen Fisch /
und eine Flasche Milch. Zu Hause lege ich /
alle Sachen auf den Tisch. Es fehlt nichts.

---

4 Wähle ein schwieriges Wort
aus dem Text aus!
Kennzeichne es als dein *Joker-Wort*!

Wenn du dein
Joker-Wort falsch
geschrieben hast,
zählt der Fehler nicht.

Für meine Freunde

Miteinander spielen

☆ Mit einem **Redestab** könnt ihr
gemeinsam Geschichten erzählen.
Wer den Redestab in der Hand hat,
ist an der Reihe. Jerzy beginnt:
„Ich gehe zum Spielplatz und ..."
Er gibt Lars den Stab.
Lars macht weiter:
„... nehme meinen Fußball mit."
Dann gibt Lars den Stab wieder weiter.

Du spielst mit Seifenblasen.

Du willst einen Hund dressieren.

Du legst Schmuck an.

☆ Mit solchen **Ideenkarten**
könnt ihr ohne Worte etwas vorspielen.
Lasst eure Freunde raten,
was ihr dargestellt habt!

Vorher müsst ihr euch
aber viele Karten
anfertigen.

☆ **Drei-Wörter-Geschichten** erzählen geht so:
Schreibt drei Wörter auf einen Zettel, zum Beispiel:

Wolken, Flügel, verzaubern

Freundin, Geheimnis, traurig

Torte, Katze, Zauberer

Alle Zettel kommen in einen Topf.
Ein Kind zieht einen Zettel und erzählt
mit den drei Wörtern eine kleine Geschichte.

Märchenzeit

Esel, Katze, Hahn und Hund
wurde es zu Haus zu bunt,
zogen in die Welt hinaus,
fanden dort ein Räuberhaus.
Und der Esel rief gleich munter:
„Lass mir doch dein Haar herunter!"

Rolf Krenzer

Wie hast du Märchen kennen gelernt?
Was gefällt dir an Märchen – was nicht?
Welche Märchen erkennst du hier?

Der Hase und der Igel

Es war an einem Sonntagmorgen im Herbst. Der Igel stand vor seiner Tür, guckte in den Morgenwind und brummelte ein Liedchen vor sich hin. Auf einmal fiel ihm ein, er könne mal nach seinen Steckrüben sehen.

Gesagt, getan! Er war noch gar nicht weit gegangen, als ihm der Hase begegnete. Der Igel grüßte freundlich: „Guten Morgen, Meister Lampe!"

Der Hase aber sagte nur hochmütig: „Wie kommt es denn, dass du hier schon so früh am Morgen im Felde herumläufst?"

„Ich gehe spazieren", sagte der Igel.

„Spazieren", fragte der Hase lachend, „du kannst deine Beine doch wohl zu besseren Dingen gebrauchen." Diese Antwort verdross den Igel ungeheuer, denn auf seine Beine ließ er nichts kommen.

„Du bildest dir wohl ein, dass du mit deinen Beinen mehr ausrichten kannst?" „Das denke ich", sagte der Hase.

„Das kommt auf einen Versuch an. Wenn wir um die Wette laufen, überhole ich dich", meinte der Igel.

„Das ist ja zum Lachen, du mit deinen kurzen Beinen!", sagte der Hase. „Was gilt die Wette?"

„Einen goldenen Taler und eine Buddel Branntwein", schlug der Igel vor.

„Angenommen, schlag ein! Dann kann's gleich losgehen."

„Nein, warte, ich will erst noch zu Hause ein bisschen frühstücken. In einer halben Stunde bin ich wieder hier", sagte der Igel.

Unterwegs dachte der Igel darüber nach, wie er den Hasen überlisten könnte. ‚Der Hase ist zwar ein vornehmer Herr, aber doch ein dummer Kerl. Bezahlen soll er es doch …'

Nach Brüder Grimm

1 So fängt das Märchen an. Lies vor!

2 Lies nun die Stellen, die dir gut gefallen, ausdrucksvoll vor!

☆ Ihr könnt auch mit verteilten Rollen lesen.

> Ich bin der Igel. Was soll ich denn da lesen?

> Das, was zwischen den Anführungszeichen „ … " steht.

Märchen ausdrucksvoll vorlesen

3 In der Bildergeschichte siehst du, wie das Märchen
weitergeht. Erzähle!

4 Erzähle nun das Märchen nach!
Wie könnte es enden?

Ich rufe:
Ich bin <u>schon</u> hier!

5 So (war) es im Märchenbuch:
Der Hase wartete schon.
Jeder stellte sich in seine Furche.
Der Hase zählte: „Eins, zwei, drei."
Aber der Igel duckte sich nur.

So (ist) es im Spiel:
Der Hase wartet schon.
Jeder stellt sich …
…
…

Ergänze und schreibe alle Zeitformen
der Verben so nebeneinander:

Präteritum	Präsens
er wartete	er wartet
er … sich	er … sich

6 Nun ging es weiter. Der Igel blieb einfach in seiner Furche
sitzen. Als der Hase ins Ziel kam, stand da schon die Igelin.
Sie sah aus wie ihr Mann und rief: „Ich bin all hier!"

Schreibe die farbigen Verben so auf:

Präteritum	Präsens	Grundform
es ging	es geht	gehen
er blieb	…	…

Manche Verben haben im Präteritum einen
anderen Wortstamm als im Präsens:
ich **ging** – ich **geh**e
ich **dach**te – ich **denk**e

7 Setze *schreien, rennen, laufen, fallen*
in der Vergangenheitsform ein:
Der Hase …: „Noch einmal gelaufen!", und … wieder los.
Er … immer hin und her. Am Ende … er tot um.

schrie?
Wo finde ich das im
Wörterverzeichnis?

Bei der Grund-
form **schreien**.

Spielvorbereitungen

Die Kinder der Klasse 3a wollen das Märchen
„Der Hase und der Igel" aufführen.
Sie besprechen, worauf sie achten müssen:

Eine Kulisse ist die Ausgestaltung der Bühne.

Brauchen wir Requisiten und Kulissen?

Wie viel Szenen hat unser Stück?

Was soll das denn sein?

Wer übernimmt welche Rolle und wie viele Spieler brauchen wir?

Wie können wir uns Kostüme herstellen?

Du meinst wohl die kleinen Abschnitte.

Es müssten auch Igelkinder oder Baumkinder mitspielen.

Brauchen wir einen Erzähler?

Und was sollen sie sagen?

Wen laden wir ein? Sollen wir ein Plakat malen?

1 Überlegt, wie ihr das Märchen spielen könnt!

🕐 Besprecht und schreibt auf, was alles vorzubereiten ist!

2 Übt, wie Hase, Igel und die anderen Personen sprechen!
Spielt zuerst eure Lieblingsszene!

Der Hase ist ein richtiger Angeber.

Übung macht den Meister

Wörter mit ng und nk

anfangen
die Bank
bringen
denken
dunkel
eng
hängen
hungern
jung
krank
lang
die Menge
der Punkt
der Schrank
singen
trinken

1 Von Wand zu Wand ist ein langes Seil gespannt.
An ihm ist der Vorhang befestigt. Dahinter bringen
die Kinder alles auf die Bühne.
Links steht eine Bank. Rechts ist ein Schrank.
Bis zur Aufführung gibt es noch eine Menge zu tun.

 Schreibe aus dem Text die Wörter mit **ng** und **nk**
heraus und kennzeichne sie unterschiedlich!

2 Höre heraus, wie **ng** und **nk** in den
Wörtern der Wortleiste klingen!

> Einfach verlängern:
> la**ng**e Hose,
> kra**nk**e Tiere.

3 Welche Wörter der Wortleiste lassen sich trennen?
 Trenne nach Silben: *an-fan-gen, brin-gen,* …

4 Welche Wortbausteine
 passen mit Verben
der Wortleiste zusammen?
Schreibe möglichst viele Beispiele so auf:
den Ball auffangen,
ein Geschenk mitbringen, …

auf ein be- aus mit an ver-

> Ich *fange*
> den Ball *auf*.

5 Schreibe nun drei Sätze zu deinen Beispielen!
Was passiert manchmal mit
den zusammengesetzten Verben?

6 Ergänze **senken – sinken – singen**:

Der Vorhang geht herunter. Er ... sich.
Das Schiff geht unter. Es ...
Luzie ist fröhlich. Sie ...

7 Suche zu diesen Verben verwandte Wörter:
denken, hungern, singen,
trinken, anfangen, hängen
Schreibe so: *denken, der Gedanke, das Andenken, ...*

8 Verändere die Verben *bringen, hungern,*
schenken, sinken mit der Vorsilbe **ver-**!
Schreibe Sätze: *Ich verbringe meine Ferien bei ...*

Warum bleibt **verbringen**
im Satz zusammen?

ver- ist eine **Vorsilbe**
und kein Wort.

9 Was kann **dunkel, eng, jung** sein?
Ergänze und schreibe ab:
Die Nacht ist ... Es ist eine ... Nacht.
Die Hose ist ... Es ist eine ... Hose.
... ist jung. Es ist ein ...

10 Merke dir alle Nomen der Wortleiste!
Decke sie ab und schreibe sie in Einzahl und Mehrzahl auf!

Zum Üben Das Spiel fängt an

Auf allen Bänken / sitzen die Gäste und warten.
Es dauert nicht mehr lange / und es wird dunkel /
im Raum. Der Vorhang geht auf. Auf der Bühne /
singen Kinder. Es klingt sehr schön. Im Stück spielen
ein Junge / und ein Mädchen mit. Er trinkt aus einem
Bach / und wird ein Reh. Kennst du das Märchen?

Für meine Freunde

Ein märchenhafter Tag

☆ Stellt euer Wunschprogramm für einen Märchentag zusammen:

 Märchen vorlesen, erzählen

 Märchen spielen

Märchenfilme sehen

 Märchen schreiben

 Märchenlieder singen

 auf Instrumenten spielen

Märchen raten Märchenfiguren basteln

 sich verkleiden

☆ So könnt ihr Märchenfiguren aus Kartoffeln basteln:

☆ Marie hat ein altes Märchen umgeschrieben.
Welches ist es?

Der Königssohn wurde sehr böse und rief: „Du sollt sollst zu einer Kakerlake werden!"
Dann ging er in den Saal zurück und fragte die Schwester, ob sie ihn heiraten will.
Sie sagte: „Ja!" Und sie feierten Hochzeit.

Die verzauberte Prinzessin jedoch erlitt das ähnliche Schicksal wie der Frosch, denn alle ekelten sich vor ihr.
Zum Schluss der Feier nahm sie ein Bettelmann auf die Hand und streichelte sie. Im In dem Moment wurde sie erlöst. Vor Freude nahm sie den Bettelmann zum Manne.

Im Winter

Guten Abend,
schön Abend,
es weihnachtet schon ...
Volksweise

Was ist hier zu entdecken?
Sprich darüber!
Wo würdest du
gern mitmachen?

Wollen wir in die
Bastelstube gehen?

Lieber ein Foto
mit dem
Weihnachtsmann.

47

Auf der Suche nach Geschenken

1 Wie denkst du über das Schenken?

2 Tina hat auf dem Weihnachtsmarkt aus einer einfachen Schachtel eine Dose gebastelt. Beschreibe, wie diese Dose entsteht!

die Schachtel
die Pappe
das Holz
die Dose
das Buntpapier
die Perlen
die Farbe
ausschneiden
bekleben
bemalen

• Was brauchst du alles?
• Was tust du nacheinander?

3 Welche Ideen habt ihr noch für Weihnachtsgeschenke?

Und meins passt nur zu dir.

Mein Geschenk passt nur zu dir.

Meinung äußern; Tätigkeitsbeschreibung (Bastelanleitung)

Weihnachten feiern

Maria aus Italien erzählt:
„Zu Weihnachten stellen wir unsere Krippe auf.
Erst am 6. Januar bringt die Weihnachtsfee Befana
die Geschenke."

Bill erzählt: „In England hängen
wir die Strümpfe an den Kamin.
Am Morgen des 25. Dezember
stecken in den Strümpfen
Geschenke. Santa Claus war da."

Heiliger Abend
Weihnachten
die Krippe
die Kerzen
das Geschenk
die Überraschung
der Stern
glänzen
anzünden
leuchten
danken

1 Erzähle, wie bei dir zu Hause Weihnachten gefeiert wird!
Welche Vorbereitungen werden getroffen und
wie feiert ihr den Weihnachtsabend?

2 Erinnere dich an ein besonders schönes
Weihnachtserlebnis und erzähle es!

3 Nina hat ihr Erlebnis aufgeschrieben:

> Mein schönstes Weihnachtsfest
>
> Es war zu Weihnachten vor zwei Jahren. Ich hatte
> mir eine Babypuppe gewünscht und sie auch schon
> in Muttis Kleiderschrank gesehen.
> Als die Bescherung losging, packte ich das größte
> Paket zuerst aus, weil ich endlich meine Puppe haben
> wollte. Aber es war keine Puppe in dem Paket, sondern
> nur ein Murmelmikado. Ich war ganz traurig. Da tröstete
> mich Mutti und sagte: „Guck doch mal in das andere
> Paket!" Ich packte es aus. Und da lag meine Puppe drin.
> Ich drückte Mutti ganz fest und wir feierten noch lange.

Sage, was dir an Ninas Geschichte gefällt und warum!

4 Schreibe auch so ein Erlebnis auf!

Auweia!
Die hat ja rum-
geschnüffelt!

Erlebnisse erzählen

Die Nacht der Tiere

In den „Zwölf Nächten" zwischen Weihnachten
und dem 6. Januar geschehen seltsame Dinge.
Es geht die Kunde, dass in einer dieser Nächte
die Menschen die Sprache der Tiere
verstehen können.

Ich denke,
ein Kunde kauft
etwas …

1 Worüber könnten sich die Tiere unterhalten?
Denkt euch ein Gespräch aus und spielt es!

2 Zuerst erzählt **der Hase** seine Geschichte.
Die Geschichte … ist spannend.
Ängstlich kuschelt das Eichhörnchen mit …
Martin belauscht …

| der Hase |
| des Hasen |
| dem Hasen |
| den Hasen |

 Setze das Nomen **Hase** immer in der richtigen Form ein!

Nomen kommen in verschiedenen Formen vor.
Diese Formen heißen Fälle. Es gibt vier Fälle.

Wer | schenkt | wem | was ?

1 Frau Bach hat Wortkarten an die Tafel geheftet:

der Hirsch   schenkt   der Umhang   das Reh

Die Kinder bauen daraus einen Satz.
Einige Kärtchen müssen sie neu schreiben. Warum?

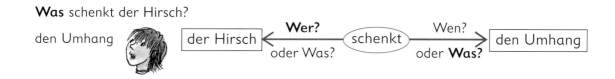

Wer schenkt?
der Hirsch

der Hirsch ← **Wer?** / oder Was? — schenkt

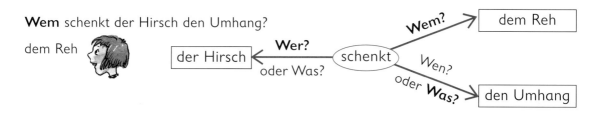

Was schenkt der Hirsch?
den Umhang

der Hirsch ← **Wer?** / oder Was? — schenkt — **Wen?** / oder **Was?** → den Umhang

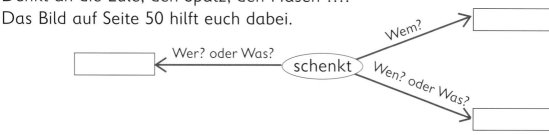

Wem schenkt der Hirsch den Umhang?
dem Reh

der Hirsch ← **Wer?** / oder Was? — schenkt — **Wem?** → dem Reh — Wen? / oder **Was?** → den Umhang

2 Bildet nach dem folgenden Satzbauplan auch solche Sätze!
Denkt an die Eule, den Spatz, den Hasen …!
Das Bild auf Seite 50 hilft euch dabei.

[   ] ← Wer? oder Was? — schenkt — Wem? → [   ] — Wen? oder Was? → [   ]

3 Zeichne und schreibe zwei dieser Sätze als Satzbauplan auf!

Die Formen (Fälle) der Nomen kannst du so erfragen:
Wer? oder **Was?**   (1. Fall)
Wem?   (3. Fall)
Wen? oder **Was?**   (4. Fall)

Silvesterbräuche – Neujahrsbräuche

1 Welche Bräuche zum Jahreswechsel kennst du?

Das ist eine ganz alte Glückwunschkarte.

Oh, ein Schiff!

2 Schreibe auch eine Glücksbringer-Karte zum neuen Jahr!

Ich wünsche dir alles Gute und eine nette Freundin.

3 So kannst du **Vergangenes** auch ausdrücken.
Komische Sätze am Neujahrstag:
Ich bin im vorigen Jahr ins Bett gegangen
und bin erst dieses Jahr wieder aufgestanden.
Wir haben Brot aus dem vergangenen Jahr gegessen.
Ich habe …
Welche Sätze fallen dir noch ein?

4 Zu Silvester nehmen sich viele für die **Zukunft** etwas vor:
Ich werde meine Freunde öfter treffen.
Ich werde …
Ich werde nicht mehr …
Nenne deine guten Vorsätze!

5 Schreibe zu den Aufgaben 3 und 4 Sätze auf!
Unterstreiche die Formen der Verben!

Manchmal haben Formen der Verben zwei Teile:
Er hat geschlafen. (Vergangenes)
Er wird telefonieren. (Zukünftiges)

Über Bräuche sprechen; Glückwünsche und Vorsätze formulieren;
zweiteilige Verbformen anbahnen (Hilfsverb)

So treiben wir den Winter aus

In einigen Gegenden werden zur Faschingszeit die bösen Wintergeister mit viel Krach und Spektakel verjagt. Dazu verkleiden sich die Menschen, tragen Masken und machen ihre Späße.
Die Klasse 3a feiert auch ein lustiges Faschingsfest.

Huahuahua, ich bin Häuptling Adlerauge.

Salam alaikum!

Mein verehrtes Publikum ...

Ali

Fatima

Sascha

1 Als was möchtest du gehen? Stelle dich vor!

2 So entstand Saschas Kostüm. Ergänze:
Sascha nahm seinen Schlafanzug.
Aus dünner Pappe ... er einen spitzen Hut und ... ihn an.
Dann ... er aus Papier runde Puschel.
Diese ... er am Kostüm.
Die Halskrause ... ihm der Vater.
Anschließend ... sich Sascha.

nehmen
kleben
anmalen
formen
befestigen
falten
schminken

3 Bilde mit den Wortbausteinen neue Verben:
kleben, malen, stecken, nähen, schneiden, binden, hängen
Schreibe Wortgruppen auf:
einen Bart ankleben, ...

be-   zu
ab   an   um
aus   auf

Ich **klebe** dir einen Bart **an.**

Übung macht den Meister

Wörter mit doppeltem Mitlaut

der Ball
die Brille
der Kaffee
die Kassette
die Kette
der Löffel
das Messer
die Nuss

1

| 16 | 21 | 12 | 12 | 15 | 22 | 5 | 18 |

| 16 | 21 | 16 | 16 | 5 |

| 22 | 9 | 4 | 5 | 15 | 11 | 1 | 19 | 19 | 5 | 20 | 20 | 5 |

| 19 | 3 | 8 | 12 | 9 | 20 | 20 | 19 | 3 | 8 | 21 | 8 | 5 |

Jede Zahl ist ein Buchstabe: 1 – A, 2 – B, …

Welche Geschenke verstecken sich hier?

2 Sprich die Wörter der Wortleiste
und nenne den kurzen Selbstlaut!

die Puppe
der Schlitten
der Schlüssel
die Sonne
der Stall
die Tanne
der Teller
die Wolle

Erinnere dich:

Nach kurzem Selbstlaut stehen oft zwei gleiche Mitlaute:
die Kette, die Nuss (Buchstabenzwillinge).

3 Ordne die Wörter der Wortleiste
nach **ff, ll, nn, pp, ss, tt**:
Wörter mit ff – der Kaffee, der …
Wörter mit ll – der Ball, die …
Wörter mit nn – …

- Lesen,
- merken,
- schreiben,
- vergleichen.

4 Schreibe die Lösungen auf:

Es zieht Striche und Kreise
auf dem Eise.

Sie will zwar nicht,
jedoch, sie muss!
Ich knacke sie
dann doch zum Schluss,
die harte …

Man isst es nicht,
man trinkt es nicht
und doch schmeckt
es gut.

5 Die Kinder *schlittern* über das Eis.
Sie *rennen* um die Wette.
Marko und Benni *fallen hin*.
Aber Tobias und Franzi
schaffen es.

fallen
kippen
nennen
rennen
rollen
schlittern
schwimmen

 Schreibe die Sätze
im Präteritum auf!

6 *kippen, rollen, rennen, nennen*
 nannte, rannte, kippte, rollte,
Immer zwei Wörter gehören zusammen.
Schreibe so und trenne die Wörter:
nen-nen – nann-te, r...

schaf-fen

aber:
schaff-te

7 Erkläre, wie du Wörter mit doppeltem Mitlaut trennst!

8 Bilde aus folgenden Wörtern
zusammengesetzte Nomen:

boxed[rennen] , *schlittern, schwimmen, rollen, treffen, füllen,*

Halter, boxed[Schlitten] *, Schuh, Punkt, Halle, Bahn*

Schreibe so: *der Rennschlitten, ...*

9 Wähle sieben Wörter aus dem Übungstext aus
und diktiere sie deinem Partner! Vergleicht!

Zum Üben   Winterfreuden
 Es beginnt wieder zu schneien. Der Schnee fällt leise
auf die Erde. Die Tannen bekommen / eine weiße
Haube. Paul holt / seinen Schlitten aus dem Keller.
Anne und Fatima rollen / einen großen Schneeball.
Sie wollen einen Schneemann bauen. Nun kommen
noch / Benni und Willi dazu. Sie stellen ihre Schlitt-
schuhe hin / und bauen mit.

Wörter mit doppeltem Mitlaut

1 Der Förster geht mit den Kindern in den Wald.
Sie haben auf dem Schlitten Futter für das Wild.
Als sie den Wald verlassen haben, nehmen einige
Rehe die Witterung auf. In der Dämmerung
kommen sie zur Futterstelle. Es sieht aus wie eine
große Tierversammlung. Bald trennen sie sich wieder.

dämmern
füttern
lassen
sammeln
sperren
stellen
trennen
wittern
zittern

 Zu einigen Verben aus der Wortleiste
findest du im Text verwandte Wörter.
Schreibe sie auf und kennzeichne den Wortstamm!

2 *füttern, sammeln, sperren, stellen, trennen, wittern, zittern*
 Schreibe so und unterstreiche immer den Wortstamm:

| *füttern* | *du fütterst* | *er füttert* | *er fütterte* |
| *sammeln* | *du sammelst* | *er ...* | *er ...* |

3 Fragen stellen – Antworten geben:
Wen oder was ... du? | füttern
Wen oder was ... du? | sammeln
Wen oder was ... der Hund? | wittern
Schreibe die Fragen als Selbstdiktat!

Wen oder was wittere ich?

Klarer Fall: 4. Fall!

4 Lies die Wortpaare laut und deutlich:
schaffen – Schaf   still – Stiel
offen – Ofen   Schiff – schief
Achte darauf, wie
die Selbstlaute klingen!
Begründe die Schreibung der Wörter!

Erinnere dich:

Nach einem lang
gesprochenen Selbstlaut
folgt nie ein doppelter Mitlaut.

5 Ergänze die Wortgruppen! Wähle richtig aus:
die ... Tür | offen
der ... im Zimmer | schief
das ... auf dem Meer | Ofen
ein ... Turm | Schiff

Wörter mit doppeltem Konsonanten; verwandte Wörter;
gebeugte Verbform; langer und kurzer Vokal

6 Wer knurrt, wer schnurrt,
wer brummt, wer summt,
wer schnattert und wer flattert hier?
Wer genau hinschaut, erkennt jedes Tier.

 Aha, der 1. Fall!

 Wähle drei Tätigkeiten aus und antworte in Sätzen!

7 Schreibe verwandte Wörter zum Verb **gewinnen** auf!
Suche auch zusammengesetzte
Nomen!

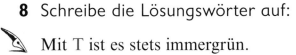 Willi, du Brummbär!

8 Schreibe die Lösungswörter auf:

Luzie, du Schnatterente!

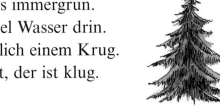

Mit T ist es stets immergrün.
Mit W ist oft viel Wasser drin.
Mit K ist's ähnlich einem Krug.
Wer's rauskriegt, der ist klug.

 So schreiben wir ein Fragediktat:
• Einer diktiert einen Satz. Alle schreiben.
• Dann fragen wir, zum Beispiel: Schreibt man **voll** mit *ll?*
  oder: Schreibt man **voll** *klein? oder:* **voll** mit *v?*
• Wer kann antworten?

Zum Üben

Im Winter
Die Tannen sind voll Schnee. Er glänzt in der Sonne.
Überall ist es sehr glatt. Die Kinder freuen sich / und
schlittern auf dem Eis. Anne sitzt auf ihrem Schlitten.
Sie zittert vor Kälte. Ihre Wolljacke ist zu dünn. Sie
geht nach Hause / und stellt ihren Schlitten / in den
Keller. Oma gibt ihr / aus einer großen Kanne /
heißen Tee.

Eine Einladung zum Fasching

Die Klasse 3a lädt Stefan
zum Faschingsfest ein:

Einladung zum
Zirkus-Faschingsfest

Lieber Stefan, ————— Anrede
mit
Komma

Was zu beachten ist ————— wir feiern Fasching und
laden dich herzlich dazu
ein. Bringe gute Laune mit
und vergiss nicht dich
zu verkleiden!
Wir feiern am 16.2. ————— Datum/Ort
in der Turnhalle.
Beginn: 14 Uhr ————— Zeit
Ende: ca 16.30 Uhr

Deine Klasse 3a ————— Gruß

☆ Was gefällt dir
an der Einladung?

Schreibe selbst
eine Einladung
zu einem Faschingsfest!

Einige Kinder haben sich so geschminkt:

Clowneline

Tigerlilli

Zauberer ...

Löwe Leo

☆ Welche Idee hast du für ein
Faschingsgesicht?
Male es und denke dir einen
passenden Namen aus!

Was mir gut tut

Einen guten Freund zu finden,
der in allem zu dir hält,
freut dich nicht nur augenblicklich,
sondern macht dich immer glücklich
und verändert deine Welt.

Rolf Krenzer

Was tut dir gut?
Sprich darüber!

Wir sind doch
dicke Freunde?

Bin ich dick?

Ich fühle mich mal so – mal so

1 Jasmin hat in ihrem Kinderzimmer
in der Ecke ein Hochbett.
Darunter ist ihr Lieblingsplatz.
Hier kann sie spielen und sich
verkleiden. Vom Bett aus kann sie
aus dem Fenster gucken.
Oft verhängt sie das Bett
mit einer Decke. Dann hat sie
ein schönes Versteck.
Keiner kann sie gleich entdecken.

Warum ist das Hochbett Jasmins Lieblingsplatz?
Sprich darüber!

2 Hast du auch einen Lieblingsplatz?
Erzähle davon!

Ja, unser Baumhaus.

Ich hab ein schönes Traumhaus.

3

Ich freu mich, dass ich Augen hab,
die alles ringsum sehn.
Ich freu mich, dass ich Füße hab,
wohin ich will zu gehn.

Ich freu mich über meine Ohren,
dass ich die Vögel hören kann –
und zieht der Kuchenduft ins Zimmer,
wie freut sich meine Nase dann.

Lutz Rathenow

*Ich freu mich, dass ich Beine hab,
die schnell rennen können.*

*Ich bin wütend, wenn mein Hund
nicht hört und mich dauernd stört.*

Schreibe auch solch einen Text!
Er muss sich nicht reimen und
auch nicht so lang sein.

Diese Anfänge
helfen dir dabei.

Mal so – mal so:

Ich freu mich, dass …
Ich lache, wenn …
Ich weine, weil …
Ich träume …
Ich bin wütend …
Ich habe Angst …

Gemeinsam an Geschichten arbeiten

Robert erzählt:

> *Ich stand fröhlich im Bad und putzte mir die Zähne. Plötzlich zuckte ich zusammen: Das Diktat! Heute werden wir es zurückbekommen. Ob ich viele Fehler habe?*

die Lehrerin teilte die Hefte aus

fiel seiner Nachbarin um den Hals

strahlte über das ganze Gesicht

wurde ganz still

1 Wie könnte Roberts Geschichte weitergehen? Nutze die Stichpunkte am Rand!

So kann deine Geschichte besprochen werden:
- Suche dir zwei Kinder!
- Lies ihnen deine Geschichte vor!
- Frage, ob sie alles verstanden haben!
- Geht jeden Satz einzeln durch und überlegt, was noch geändert werden muss!

Kriegte klingt nicht so gut.

Als ich mein Heft kriegte, …

Schreib doch bekam!

gucken mit **ck**?

Na klar, kurzes **u**!

Komm, wir sehen nach!

2 Überarbeite deinen Text auch so!

Vitamine tun gut

1 Philipp hat genau zugesehen, wie sein Lieblingssalat
zubereitet wird. Philipp beschreibt es so:
Zuerst wäscht meine Mutti die Möhren gründlich ab.
Dann werden die Möhren geschabt und noch einmal abgespült.
Mit dem Küchenmixer werden die Möhren zerkleinert.
Weil der Küchenmixer ganz sicher arbeitet, darf ich
das machen. Nun schält Mutti noch einen Apfel ganz dünn
und schneidet den Apfel in kleine Stücke.
Mutti schüttet alles in eine Schüssel und vermischt es
mit etwas Öl und Zitrone.
Einige Rosinen streut Mutti zum Schluss über den Salat.
Die Rosinen ersparen den Zucker.

An welchen Stellen würdet ihr statt der Nomen
Personalpronomen verwenden?

2 Stelle diese Satzbausteine um, sooft du kannst:

| Einige Rosinen | streut | Mutti | zum Schluss | über den Salat | .

| Zum Schluss | streut | …

Welcher Satz davon passt am besten
in Philipps Text?

Aha,
ein Satzbaustein!

> Ein Satz besteht aus Bausteinen. Diese **Satzbausteine**
> lassen sich im Satz umstellen. So kannst du probieren,
> wie ein Satz am besten in den Text passt.
> Die Satzbausteine heißen **Satzglieder**.

Muntermacher Pfirsichbowle

1 | der Vater | | die Dose |

| Sascha | | die Pfirsiche | | in Stücke |

| er | | sie | | in einen großen Topf |

| dann | | er | | den Pfirsichsaft | | dazu |

| jetzt | | noch | | etwas Zitronensaft |

| zum Schluss | | Mineralwasser | | darüber |

| nun | | die Bowle | | so schön |

Das soll ein Rezept sein?

Da fehlt ja, was sie tun.

Bilde aus den Satzbausteinen
jeder Zeile einen Satz!
Verwende dabei: *fehlen, gießen, öffnen,
kommen, schneiden, schütten, sprudeln*

> Erst ein **gebeugtes Verb** macht aus Wörtern und
> Wortgruppen einen **Satz**:
>
> *Sascha* (*kostet*) *die Bowle. Die Bowle* (*schmeckt*) *süß.*
>
> Wir nennen es **Satzaussage (Prädikat).**

2 Schreibe einige Sätze aus Aufgabe 1 so auf:

Der Vater (*öffnet*) *die Dose.*

Am Satz-
anfang groß-
schreiben!

3 Wähle drei Sätze aus und stelle sie um:

| Die Dose | (öffnet) | der Vater | .

Das Prädikat
steht an 2. Stelle.

☆ Wie viele Satzbausteine stehen immer
vor dem Prädikat?
Warum ist das Prädikat der wichtigste Satzbaustein?

Sport tut gut

1 Sprich über deinen Lieblingssport!

2 Hallo, Fußballfans! – Wisst ihr Bescheid?
Manchmal schreibt man für Ziffern Zahlwörter.
Beratet, welche Zahlwörter ihr hier einsetzen müsst:

Bei einem Punktspiel gehören … Spieler zu
einer Mannschaft, … Feldspieler und … Torwart.
Außerdem sitzen ein paar Spieler auf der Reservebank.
Eine Halbzeit dauert … Minuten. fünfundvierzig
Wenn es mehrere Unterbrechungen gegeben hat,
lässt der Schiedsrichter am Ende immer einige Minuten
nachspielen. Beim Elfmeterschießen hat jede
Mannschaft zuerst … Schüsse   sechs
auf das gegnerische Tor.

 Schreibt Wortgruppen: *elf Spieler,* …

3 Schreibe die Zahlwörter eins bis zwölf auf:
 eins, zwei, …

4 Schreibe die Zehnerzahlen von zehn bis einhundert
 als Zahlwörter auf: *zehn, zwanzig,* …

5 Wo ist in Aufgabe 2 unbestimmt,
wie viele gemeint sind?
Nenne die unbestimmten
Zahlwörter!
Schreibe so: *mehrere Unterbrechungen,* … *Spieler,* … *Minuten*

Einige Minuten?

Ganz unbestimmt!

6 Beim Fußballtraining
Zuerst **laufen** wir eine Runde.
Denn der **Lauf** macht uns warm.
Dann **springen** wir mit dem Seil.
Es sollen möglichst viele **Sprünge** sein.
Nun **schießt** jeder den Ball ins Tor.
Schade, mein **Schuss** ging daneben!
Der Torwart **wirft** den Ball zurück.
Martin stoppt den **Wurf**.

Schreibe zu **springen**, **schießen**, **werfen**
die verwandten Nomen aus dem Text auf!
Schreibe so:
laufen — der Lauf — ein schneller Lauf
springen — ...

7 Was die Sportler besonders üben müssen:
anlaufen, abspringen, abschießen, einwerfen

Schreibe so:
Sie üben den Anlauf, den ...

8 Wer trainiert hier? Wähle aus:
laufen	– *der Läufer, die Läuferin*
springen	– *der Springer, ...*
schwimmen	– *der ...*
reiten	– ...
tanzen	– ...
turnen	– ...
fahren	– ...
boxen	– ...

schießen –
ein Schießer?

Nein,
ein Schütze.

Aus manchen Verben können Nomen
gebildet werden.
Du erkennst sie am Artikel:
laufen – der Lauf, der Läufer, die Läuferin
Sie gehören alle zu einer Wortfamilie.

Aha, deshalb
Läufer mit **äu**!

Übung macht den Meister

Wörter mit ck

1 Leckst du gern Eis?
Ich lecke gern Softeis.
Schreibe so:
lecken, ich ..., du ..., er ...,
wir ..., sie ...

ein kurzer Selbstlaut, darum **ck**

die Brücke
dick
die Ecke
die Jacke
lecken
schmecken
der Stock
das Stück
rücken
wecken
der Zucker

vorwärts
rückwärts

2 Trenne die Verben
der Wortleiste so:

Grundform	Präteritum
le-cken	*ich leck-te*
schme-cken	*ich ...*
...	*...*

Welche Wörter der Wortleiste passen zu einer Naschkatze?

Lecker, le-cker!

Erinnere dich:

So wird getrennt: we-**ck**en, aber: we**ck**-te

3 Schreibe die Nomen der Wortleiste
in Einzahl und Mehrzahl auf!
Trenne sie in der Mehrzahl:
die Brücke, die Brü-cken
die Ecke, die ...

4 Süße Wörter in Geheimschrift:

REKCUZLEFRÜW
NEHCUKREKCUZ
REKCUZREDUP
SSUGREKCUZ

Lüfte das Geheimnis und schreibe die Wörter richtig auf!

5 Eine Wortbrücke:

SCHI   WERK

der Schistock,
das Stockwerk

 Wähle Nomen aus der Wortleiste
als Brückenwörter aus und setze sie ein:

Brauchst
du ein **N**?

HAUS  ZAHN

WÜRFEL  DOSE

WINTER KNOPF

6 Wir würfeln und rücken die Figuren ein Stück.
Manchmal geht es vorwärts und manchmal zurück.
Mal vorwärts – mal rückwärts – Pech oder Glück?
Wer Glück hat, rückt vor, wer Pech hat, zurück.

 Welche drei Wörter mit **ck** reimen sich?

Ein dicker
Kuss …

7 Was soll **trocken** sein?
Was kann **dick** sein?
ein Stamm, die Wäsche, ein Fuß, die Socken, der Sand
Wähle zu jedem Adjektiv zwei passende Nomen!
 Schreibe so: *die trockene Wäsche, …*

8 Suche die Adjektive **dick** und **trocken**
im Wörterverzeichnis!
Schreibe ab, was bei den Stichwörtern steht!

D ist mehr
am Anfang.

 • Überlege, wo die Anfangsbuchstaben
von **trocken** und **dick** im Alphabet stehen –
mehr zum Anfang hin, in der Mitte oder
mehr am Ende!
• Schlage auf, wo du sie vermutest!
• Ist das Wort nicht auf dieser Seite, überlege,
ob du dann vorwärts oder rückwärts blättern musst!

Ich muss zurück.
D ist **vor F**.

Wörter mit tz

1 Sprich den Zungenbrecher deutlich und schnell!

Aha, **tz** steht nach kurzem Selbstlaut!

| Der Metzger | (wetzt)

| das Metzgermesser |

| auf des Metzgers Wetzstein | .

 Du kannst den Zungenbrecher mehrmals umstellen und schnell sprechen.

der Blitz
blitzen
die Mütze
die Pfütze
der Schmutz
schmutzig
spritzen

2 Lutz spielt mit seinen Freunden Fußball. Sein Hund Fritz läuft blitzschnell dem Ball nach. Er landet in einer Pfütze. Das Wasser spritzt hoch. Fritz wird ganz schmutzig. Jetzt müssen alle lachen.

jetzt
letzter
zuletzt

 Schreibe alle Wörter mit **tz** aus dem Text heraus! Kennzeichne immer den kurzen Selbstlaut!

3 Zu welchen Wörtern aus der Wortleiste findest du verwandte Wörter? Schreibe sie auf!

4 Hier kannst du mit dem Alphabet-Leporello üben: Lies einen Satz aus Aufgabe 2 Wort für Wort vor! Dein Partner zeigt den Anfangsbuchstaben von jedem Wort.
oder: Lies immer das erste Wort in jedem Satz vor!
oder: Lies alle Verben vor!

5 Reime:

das Kitz	die Mütze	Lutz
der W...	die Pf...	der P...
der Bl...	die Gr...	der Sch...
der Schl...	die St...	der Schm...

6 Ergänze blitzen und spritzen in der richtigen Form:
Vor dem Donner ... es. Nach dem Regen ... es.

7 Schreibe diese Wörter auf und trenne sie:
putzen, er putzte, spritzen, sie spritzte,
blitzen, es blitzte, setzen, zuletzt, schmutzig,
das Kätzchen, das Lätzchen
Überlege, wie du üben kannst,
damit es wirklich klappt!

Ich klatsche
die Silben:
blit–zen, es blitz–te

8 Schreibe mit **Katze**, **Spatz** und einigen Wörtern
aus der Wortleiste eine kleine Geschichte!

9 In dem Gedicht findest du zwei verwandte Wörter.
Schreibe sie heraus und suche noch mehr Verwandte!

> Keine Freundschaft
> Der Bleistift mag den Spitzer nicht.
> Den findet er gemein.
> Der gönnt ihm seine Größe nicht
> und spitzt ihn klitzeklein.
> *Regina Schwarz*

10 Übt den Text auch so:
Du sagst ein Wort aus der Wortleiste.
Dein Partner sagt, zwischen welchen
beiden Selbstlauten im Alphabet es steht.
Dann wird gewechselt.

H steht
zwischen
E und I.

Zum Üben Staffellauf
Maxi legt ihre dicke Jacke auf die Bank. Lutz setzt
seine Mütze ab. Sie gehen an ihren Platz. Jetzt kommt
das Zeichen. Sie laufen los / wie der Blitz. Am Stock
wenden sie / und laufen zurück. Zuletzt schlagen sie /
den nächsten Läufer an. Das letzte Kind läuft los.
Wer wird gewinnen?

Für meine Freunde

Brieffreundschaften

In Christine Nöstlingers Buch „Liebe Susi, lieber Paul"
stehen nur Briefe:

Lieber Paul,

ich bin wieder ganz gesund!
Bald ist es N8! Ich male
ein Bild. Darauf ist ein
Baum mit vielen 2gen.
Neben ihm steht eine 11e.
Die hat ein Fahrrad. Aber
in den Ra3fen ist keine
Luft. Kannst du das lesen?
Das habe ich erfunden.
So geht das Schreiben
viel schneller.
Wenn ich wieder in die
Schule gehe, werde ich
der Lehrerin das schnelle
Schreiben erklären.

Deine Freundin Susanna

Liebe Susanna,

ich freue mich, dass du
wieder gesund bist.
Das Foto von dir habe ich
dem Hubert und dem Georg
gezeigt. Du gefällst ihnen
sehr gut. Paula gefällst
du auch. Deine Frisur hat
ihr besonders gut gefallen.
Darum habe ich ihr gestern
Stirnfransen geschnitten.
Leider sind sie schief geworden. Meine Mama hat sie
dann gerade geschnitten.

Viele liebe Grüße
dein Freund Paul

Was hältst du von Brieffreundschaften?

In manchen Kinderzeitschriften kann man sich vorstellen:

SOS! Mein Briefkasten
verhungert! Ich bin
Benedikt (10 J.) und
suche einen Brieffreund
oder eine Brieffreundin.
Hobbys: Tiere,
schwimmen gehen,
Fahrrad fahren.
Melde dich bald!

Wer hat Lust mit mir
eine Brieffreundschaft
einzugehen?
Mein Name ist Tobias
und ich habe kein
bestimmtes Hobby,
aber einen Hund.
Außer Pokémons mag
ich fast alles.

Hallo, ich bin Annika,
9 Jahre alt, und wünsche
mir Brieffreundinnen.
Hobbys: Musik, Pokémon.
Außerdem habe ich ein
Kaninchen und 2 Katzen.
Annika F.

☆ Was würdest du über dich schreiben?
Stelle deine Zeitungsanzeige vor!

Beratet, ob sie zu dir wirklich passt!

Ich hoffe
auf Post.

Früher und heute

Was die Großen nicht mehr lieben
oder achtlos von sich schieben,
landet oft zu unserm Jammer
in der dunklen Rumpelkammer.

Was die Großen nicht verstehen
oder achtlos übersehen,
grade das sind oft die Sachen,
die uns Kindern Freude machen.

Hans Stempel, Martin Ripkins

Früher und heute auf einem Bild.
Geh auf Entdeckungsreise
und vergleiche!

Mit der Postkutsche und dem Postillion unterwegs

1 Als es noch keine Eisenbahn gab, reisten die Menschen mit der Postkutsche. In der Kutsche saßen die Leute eng und unbequem.

Die Kutsche hielt an den Poststationen. Dort tränkte und fütterte der Postillion die Pferde. Wenn er in sein Horn blies, ging es weiter. Für eine Strecke, die man heute in zwei Stunden zurücklegt, brauchte die Postkutsche zwei bis drei Tage.

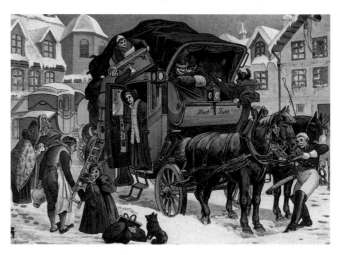

Was hast du aus dem Text über das Reisen erfahren? Sprich darüber!

2 Schreibe die Formen des Präteritums aus dem Text so heraus:

Präteritum	Grundform
es gab	geben
sie reisten	reisen

3 Damals reiste man nicht [so] bequem [wie] in unserer Zeit.

Die Straßen waren nicht [so] gut [wie] heute.

Unsere Verkehrsmittel sind schneller [als] die Postkutschen.

 Schreibe selbst einige Sätze mit den Vergleichswörtern **so – wie** und **als**:
... *nicht so schnell wie* ...
... *gefährlicher als* ...

| langsam
| lang
| unbequem

> Wenn wir vergleichen, verwenden wir oft **Vergleichswörter**.
> Wenn etwas **gleich** ist, heißen sie **so … wie**.
> Wenn etwas **nicht gleich** ist, heißt das Vergleichswort **als**.

Am Anfang war das Holzrad

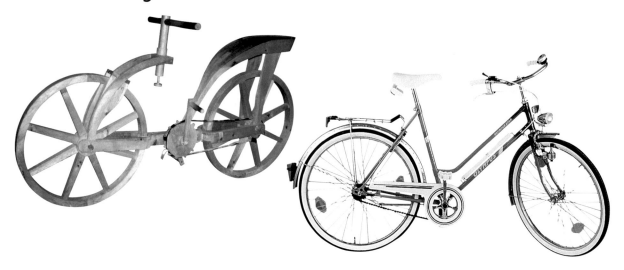

1 Das erste Zweirad wurde schon vor 500 Jahren erfunden. Der berühmte italienische Maler und Naturforscher Leonardo da Vinci hat es entworfen.

Vergleiche die Fahrräder!
Sage, was beide Räder gemeinsam haben!

Lenker
Sitz
Bremse
Beleuchtung
Rückstrahler
Klingel
Pedale
Antrieb
Bereifung

2 Sage nun, wie sich die Teile voneinander unterscheiden!

 Schreibe einige Unterschiede auf!
Beachte dabei die Sammelwörter!

☆ Alle haben Räder, aber sie sind nicht einfach zu schreiben. So kannst du üben:

... aber wenn du Englisch kannst ...

Mountainbike	Rollerblades	Skateboard
tainbike	blades	Skate
Moun bike	Roller	board
tain		
bike		

 • Schreibe jedes Wort auf!
• Decke es ab! Wiederhole!
   Die Lückenwörter helfen dir dabei.

Fragestunde mit Uroma – ein kleines ~~Interwiev~~

1 Lisa befragt ihre Urgroßmutter Erna über ihre Schulzeit.

Oma Erna erzählt:
„Wir haben noch mit einem Griffel auf der Schiefertafel geschrieben."
Lisa fragt: „Und wenn ihr einen Fehler gemacht habt?"
Uroma lacht: „Den haben wir mit einem feuchten Schwamm weggewischt."
Lisa staunt: „Habt ihr denn gar nicht mit Tinte geschrieben?"
Die Uroma antwortet: „Das durften nur die Großen."
Lisa fragt weiter: „Was habt ihr denn in den Pausen gemacht?"
Uroma Erna überlegt und antwortet: „Oft haben wir Stammbuchbilder getauscht." Zum Schluss ruft Lisa: „Danke, liebes Ömchen!"

Lest zu zweit nur das, was Lisa und Uroma wirklich sagen! Es steht zwischen Anführungszeichen und heißt **wörtliche Rede**.

Wie in Hase und Igel: „ …"

2 Die Verben im **Begleitsatz** können verschieden sein, zum Beispiel: *erzählt, fragt, lacht, …*
Suche weitere Verben für Begleitsätze!

3 Was möchtest du von deinen Großeltern oder Urgroßeltern über ihre Kindheit wissen?
Überlege dir einige Fragen und stelle sie im ~~Interwiev!~~

4 Schreibe einige Sätze mit wörtlicher Rede auf!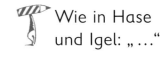

Vor der wörtlichen Rede kann ein **Begleitsatz** stehen.
Lisa fragt: „Wie war es früher?"
———————— : „ .... ?"
der Begleitsatz   die wörtliche Rede

In Poesiealben stöbern und schmökern

Uroma, Oma und Mama hatten Poesiealben.
Schöne Sprüche, Bilder und Zeichnungen wurden
von Freunden, Eltern und Geschwistern eingetragen.

ein Album,
viele Alben

1 Woran erkennst du, dass das Album aus vergangener Zeit ist?

2 Überlege, was du heute Freunden wünschen würdest,
zum Beispiel Glück, Gesundheit, …!
Sammle solche Sprüche, die du in ein Erinnerungsbuch
schreiben kannst!

3 Wem möchtest du einen Spruch schenken?
Ergänze: *dem Opa, … Freund, der Mutti, …*
Schreibe nun so: *meinem Opa, einem Freund, …*

Wem?
3. Fall

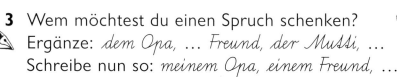

☆ Sammelt Bilder, Bücher und Gegenstände,
die von früherer Zeit erzählen! Stellt sie vor
und macht damit eine kleine Ausstellung!

Manchmal verstecken sich ganze Geschichten hinter den Dingen.
Vielleicht könnt ihr die eine oder andere erforschen.

Übung macht den Meister

Wörter mit pf

1 *Früher:*
Die Pferde zogen die Postkutsche.
Die Mädchen trugen ihre langen
Haare meist als Zöpfe.
Die Lokomotive fuhr mit Dampf.
Und wie ist es heute?

 Schreibe alle Nomen mit **pf**
in Einzahl und Mehrzahl auf!

der Apfel
der Dampf
hüpfen
klopfen
der Kopf
das Pferd
pflanzen
pflegen
pflücken
die Pfütze
der Topf

2 Ergänze Aufgabe 1 durch weitere Nomen
aus der Wortleiste!

3 Bilde zusammengesetzte Wörter mit **Pferd**:

Stall   Post   Kutsche
reiten   **Pferd**   rennen
Futter   Tränke   Wagen

Pferd –
F oder Pf?

Schreib doch
einfach Gaul!

4 Reime und schreibe so:

ein Topf – viele Töp-fe	der Dampf – die Dämp-fe
ein K… – viele K…	der K… – die …
ein Z… – viele Z…	der Kr… – die Kr…

5 **Topf** oder **Kopf**?
der Kohl…, der Wasser…, das …kissen, der …deckel,
der Blumen…, die …schmerzen, der …lappen

6 Finde zu den Verben aus der Wortleiste
verwandte Wörter!
Unterstreiche die Wortstämme:
hüpfen, er hüpfte, der Grashüpfer, …

7 Schreibe mit den Wortpaaren zwei Aufforderungssätze oder zwei Fragesätze:

Pferd – pflegen   Pfütze – hüpfen   Äpfel – pflücken

Unterstreiche die Wortstämme der Verben!

☆ Bilderrätsel:

Die Anfangsbuchstaben ergeben ein Wort.

8. Finde die Reimwörter mit **pf** und schreibe die Reimpaare auf:

Ich wasche mich mit Seife.
Du trillerst mit der …

Der Tee ist in der Kanne.
Das Ei kommt in die …

Den Eilbrief bringt der Bote.
Der Hund gibt mir die …

9 In jedem Wort stecken noch andere Wörter. Finde sie heraus!

Pflicht, Pflanze, Pfeile, Pfanne, Pflaster, pflegen, pflügen, Pfosten

Schreibe so: *die Pflicht – das Licht, ich*

Zum Üben

⚀ Die Postpferde sind noch im Stall.

⚁ Der Kutscher pflegt seine Pferde.

⚂ Er klopft seinem Lieblingspferd den Hals.

⚃ Es hebt den Kopf.

⚄ Dann gibt er ihm einen Apfel.

⚅ Mit dem Topf schüttet er noch Hafer in die Krippe.

Früher und heute

So wurde im Jahre 1889 für eine Schultasche geworben.

Von 100 Mädchen

sind 90 schief, in Folge fortgesetzt **einseitiger Be-lastung** besonders durch Schulmappen. **Nur** die Augusta-Mappe (Syst. Herzberg) ist mit einer Tragvorrichtung versehen, welche das Gewicht auf den Körper **gleichmäßig** vertheilt und dadurch **Rück-gratsverkrümmungen** in **natürlichster** Weise ver-hindert. In Folge dieses Vorzuges ist die Augusta-Mappe in den meisten Berliner höheren Töchter-schulen eingeführt und wird von Lehrern, sowie von Aerzten empfohlen. Hochelegante und gediegenste Ausführung. Preis Mk. 5,50 pro Stück gegen Ein-sendung des Betrages oder gegen Nachnahme Mk. 5,70 Franco-Zusendung. Bei Nichtgefallen Zurücknahme gegen Rückzahlung des Betrages. Die Augusta-Mappe ist zu haben in den meisten Geschäften für Schulbedarf und direct vom Fabrikanten

Albert Thiese, Berlin S., Fürstenstraße 13.

Man verlange Prospect.

Was erfährst du aus der Anzeige?

☆ Gestalte selbst eine Werbeanzeige für eine Schultasche, die dir gefällt! Du kannst dafür
- aus einem Katalog die Abbildung einer Schultasche ausschneiden,
- aus Zeitschriften Werbewörter aufkleben,
- eine passende Überschrift und einen Werbetext entwerfen.

Ordne alles auf einem Blatt an, und fertig ist die Werbeanzeige!

Das ist Roberts Werbeanzeige für eine moderne Schultasche.

☆ Was könnten deine zukünftigen Kinder oder Enkel später in der Schule einmal brauchen? Denke dir dafür Werbung aus!

Im Frühling

Der Früh - ling hat sich ein - ge - stellt; wohl - an, wer will ihn sehn?

Der Frühling hat sich eingestellt.
Du kannst ihn sehen,
riechen, hören
und fühlen.
Erzähle!

Osterwasser?
Willst du
noch schöner
werden?

Frühlingszeit

1 Im Herbst haben sich Frau Meise und Frau Schwalbe voneinander verabschiedet. Im Frühling treffen sich beide wieder und erzählen von ihren Erlebnissen im Winter.

Erzählt zu den Bildern oder spielt die Geschichte!

2 Du kannst auch aufschreiben, was die beiden erlebt haben.

3 Hier war es **so** kalt **wie** im Kühlschrank.

Im Süden war es **so** heiß **wie** im Backofen

Schreibe zwei solche Sätze auf:
Im Winter waren die Straßen so glatt wie ...

4 Aber die Nacht der Tiere war schöner **als** jedes Sommerfest.

Schade, da wäre ich gerne dabei gewesen!

 Warum bist du denn jetzt erst zurückgekommen?

Hier ist es jetzt wärmer **als** im Winter. Die Sonne scheint länger **als** im Winter.

 Was kann im Frühling noch schöner sein als im Winter?
Schreibe so: *Im Frühling ist es wärmer als ...*

Zu einer Bildgeschichte erzählen und spielen; Vergleichsformen: so – wie, als

Tierkinder – mal klein, mal groß

1 Im Frühling werden viele
Tierkinder geboren.
Alle sind klein.

Das Lämmchen ist klein.
Aber das Häschen ist noch klein|er| als ein Lämmchen.
Und das Küken ist noch klein|er| als ein Häschen.
Das Küken ist am klein|sten|.

 Schreibe die Formen der Adjektive heraus.
Unterstreiche die Wortstämme und vergleiche die Endungen!

2 groß – größer – am größten

Der Käfer ist klein.
Das Küken ist dagegen groß.
Das Häschen ist   als das Küken.
Das Lämmchen ist noch   als das Häschen.
Das Lämmchen ist am   .

Denke dir auch solche Vergleiche aus!

Adjektive kann man steigern.
Grundstufe	**Mehrstufe**	**Meiststufe**
klein	klein|er|	am klein|sten|

Osterschmuck – Osterbräuche

1 Die Kinder ⬭ die Sträucher mit Ostereiern.

Am Osterbäumchen ⬭ zwölf Ostereier.

Auch der Brunnen ⬭ österlichen Schmuck.

Die jungen Mädchen ⬭ schweigend am
Ostermorgen Osterwasser.

Osterwasser ⬭ schön.

Willi ⬭ für den Osterhasen ein Nest.

Der Osterhase ⬭ die Eier.

schmücken
hängen
erhalten
bekommen
schöpfen
machen
bauen
verstecken
holen
basteln
legen

Zwölf Eier – zwölf Monate.

Sprich den Text leise!
Was fehlt darin immer?
Bilde richtige Sätze!
Die Verben am Rand helfen dir dabei.

2 Schreibe einige Sätze aus Aufgabe 1 auf!
Kreise ein, was du eingesetzt hast!
Wie heißt dieser Satzbaustein?

3 Lest euch eure Sätze gegenseitig vor
und vergleicht!
Vielleicht habt ihr verschiedene
Prädikate gewählt.

4 Setze verschiedene Prädikate ein!

Die Kinder ⟨ verstecken / suchen ⟩ die Ostereier.

Immer wird hier etwas anderes ausgesagt.

Prädikate ergänzen; Wortschatzübungen

Ostereier überall

1 Lies den Text! Was wusstest du noch nicht?

Bunte Ostereier gibt es seit etwa 300 Jahren.
Die Menschen färbten sie mit Natursäften
aus Spinat oder Zwiebelschalen.
Später verzierten sie die Eier mit Mustern
oder Bildern.
Bei den Sorben entstanden über die Jahre
ganz bestimmte Muster.
Auch in Russland, Polen und Tschechien
verschenkt man solche Eier.
Heute schmücken viele Kinder die Ostereier.
Schon die Kleinen helfen dabei.

2 Suche die Prädikate aus dem Text heraus!

3 Schreibe auf, wie du ein Osterei schmückst!
Achte dabei auf verschiedene Satzanfänge
und passende Verben:
- ausblasen oder kochen
- bemalen oder bekleben
- lackieren oder mit Speck einreiben
- anhängen

4 Lest euch eure Beschreibungen vor!
Hört gut zu und prüft, ob die Reihenfolge
der Tätigkeiten stimmt!

Information aus einem Sachtext entnehmen und darüber sprechen;
Prädikate erkennen; Tätigkeiten beschreiben

Übung macht den Meister

Wörter mit sp und st

der Spaß
sprechen
spritzen
sprühen
stark
der Stern
der Stiel
der Stift
der Stuhl
die Stunde
stützen

spazieren

1 Frühling im Park
Klara und Max spazieren durch den Park.
Sie treffen viele Spaziergänger.
Ein Gärtner sprengt den frischen Rasen.
Der Wind sprüht das Wasser
auf die Spaziergänger.

Lies den Text und schreibe
die Wörter mit **sp** heraus!
Kennzeichne, was schwierig ist!

2 Schreibe Nomen der Wortleiste
in Einzahl und Mehrzahl auf:

der Spaß – die Späße, …

3 **Stift**, **Stuhl** und **Stiel** sollen immer das Grundwort
in zusammengesetzten Nomen sein.
Schreibe so: *der Rotstift, …*

4 Schreibe die Verben der Wortleiste ab!
Kennzeichne die Wortstämme und
suche zu jedem ein verwandtes Wort:
spazieren, der Spaziergang, …

5 Ergänze mit passenden Wortstämmen
aus der Wortleiste:
Der Arzt hat heute keine …stunde.
Der Maler trägt die Farbe mit einer …pistole auf.
Ein feiner Regen heißt auch …regen.

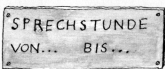

Wörter mit sp und st am Wortanfang; schwierige Wörter erkennen und schreiben;
verwandte Wörter; Plural; zusammengesetzte Nomen

6 Prüfe die Wortbedeutung in Sätzen:
stand – der Stand, spitz – der Spitz,
stahl – der Stahl, die Stelle – die Ställe
*Ich **stand** hinter dir.*
*Sie hat einen **Stand** auf dem Markt.*

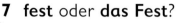

basteln
das Fest
fest
die Lust

fast (beinahe)
zuerst

7 fest oder **das Fest**?

Erkläre den Unterschied! Ergänze richtig:
ein … feiern, ganz … an etwas glauben,
mit … Schuhen wandern, das Oster…,
der …schmuck, ein …tag

Gleicher Klang – unterschiedliche Bedeutung
Prüfe immer im Satz!

8 fast – *aber:* **er fasst**

Erkläre den Unterschied und achte auf die Schreibung:
Er … sie an. … alle Bücher sind neu.
Sie wäre … zu spät gekommen. … alle Kinder sind schon da.
Suche weitere Beispiele!

So schreibe ich ein Dosendiktat:
* Ich schreibe jeden Satz auf einen langen Papierstreifen.
* Diesen rolle ich von hinten zusammen.
* Dann stecke ich die Rolle in eine Dose.
* Nun ziehe ich den Streifen immer so weit heraus,
  wie ich mir die Wörter merken kann.
* Ich schreibe die Wörter auf.
* Zum Schluss kontrolliere ich den ganzen Text.

Der Anfang muss rausgucken.

> **Zum Üben**   Ein schlechter Spaß
>   Anna und Tom gehen spazieren. Da schneidet ihnen
> der starke Markus aus der 5a den Weg ab. Er macht
> sich einen Spaß und springt in eine Pfütze. Das spritzt!
> Toms Hose wird ganz schmutzig. Markus rennt weg
> und lacht.

Wörter mit lk, nk, rk und lz, nz, rz

1 Am Muttertag soll die Mutter besonders merken,
dass ihre Kinder an sie denken.
Marie schenkt Mama ein Gedicht.
Lukas rührt eine Quarkspeise.
Anne bastelt mit Salzteig.
Benni malt seiner Mutter ein Herz.

Welche Wörter der Wortleiste
findest du im Text?

Am heutigen Tag
bedank ich mich,
weil ich dich mag:
Ich liebe dich.

danken
denken
das Gewürz
die Gurke
das Herz
die Mark
die Marke
merken
die Nelke
der Pilz
der Quark
das Salz
schenken
der Schwanz
stark
der Tanz
das Werk
die Wolke

2 Das kannst du aus **Gurken**, **Quark** und **Pilzen**
zubereiten. Schreibe zusammengesetzte
Nomen:

3 Vergleiche mit der Wortleiste und du findest
alle Nomen! Schreibe sie auf:

Gurke

Ob er essbar ist?

4 *stark – stärker – am stärksten*
Schreibe drei Sätze: *Das Pferd ist …*

5 **Mark** oder **Marke?**
Die Brief… klebt auf Briefen und Karten.
In den Knochen ist das Knochen…
Früher hatte eine … 100 Pfennige.
Ein Euro hat 100 Cent.

Wörter mit h am Ende des Wortstammes

Der Apfelbaum ist aufgeblüht,
nun summen alle Bienen,
die Meise singt ein Meisenlied,
der Frühling ist erschienen.

James Krüss

blühen
drehen
froh
fröhlich
früh
die Kuh
das Reh
die Reihe
wehen

1 Suche die verwandten Wörter von **blühen**
und **früh**! Vergleiche die Schreibung!

2 Immer länger:

Frühstück	**Früh**jahr
Frühstückseier	**Früh**jahrsputz
Frühstückseier…	…

aber:
die Blüte

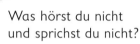

3 Was haben alle Wörter der
Wortleiste gemeinsam?

Was hörst du nicht
und sprichst du nicht?

4 Bilde zu den Nomen der Wortleiste
die Mehrzahl und kennzeichne den Wortstamm:
die Kuh – die Kühe

5 Reime weiter:

wehen	stehen	blühen
gehen	dr…	gl…
s…	fl…	spr…

6 Setze Verben der Wortleiste ein
und kennzeichne den Wortstamm:

Die Tulpen im Frühling.

Es ◯ ein frischer Wind.

Die Windmühlen sich.

Frohe
Ostern!

Für meine Freunde

Überraschungseier

☆ Diese Osterüberraschungen könnt ihr selbst anfertigen. Welche Ideen habt ihr noch?

So wird die Nase gebastelt:

☆ Erkundet alte Osterbräuche und stellt sie vor:

Ich bring dir eine Osterrut'
am Ostermorgen früh,
doch hat mir diese kleine Rut'
gemacht viel Sorg' und Müh'.

Stiep, stiep, Osterei,
ich bitte um ein Kakel-Ei,
gibst du mir kein Osterei,
stiep ich dir das Hemd entzwei!

In den Dörfern der Lausitz treffen sich
zu Ostern die Kinder zum „Waleien".
Woanders sagt man dazu „Eier kullern", „Eier rollen", …

Der Natur auf der Spur

Auf dem sonnenwarmen Asphalt
hocken Kröten, abends beim Wald.
Sie haben die Wanderung unterbrochen
und sind auf die warme Fahrbahn gekrochen.
Jetzt sitzen sie da und starren uns an …

Georg Bydlinski

Was wird hier für die Umwelt getan?
Sprich zu dem Bild!

Rettet die Kröten!

1 Nenne wichtige Angaben aus dem Aufruf:

> ### Rettet die Kröten!
>
> Wir Kinder der Klasse 3a der Wernsdorfer Grundschule
> treffen uns am Sonnabend, dem 29. März, um 14.00 Uhr
> im Hof der Schule. Von dort gehen wir zur Straße an
> unseren Ortsteich und stellen einen Krötenzaun auf.
> Wir rufen alle Kinder von 9 bis 13 Jahren auf mitzu-
> machen. Bringt bitte einen Spaten mit!
> An alte Sachen und an Gummistiefel denken!

die Kröten
der Naturschutz
die Wanderschaft
der Teich
nützlich
der Verkehr
die Aktion

2 Später berichten die Kinder
in der Ortszeitung über
ihre gelungene Aktion:

Kröten gerettet

Auch dieses Jahr retteten wir wieder
viele Kröten. Im März und April
wandern die Kröten nämlich zum
Dorfteich. Dabei müssen sie über eine
Straße mit vielen Autos hüpfen. Damit
die Kröten nicht totgefahren werden,
bauten wir einen Krötenzaun. Abends
liefen die Kröten am Zaun entlang und
fielen in unsere eingegrabenen Eimer.
Jeden Morgen brachten wir sie dann
auf die sichere Straßenseite.

Was ist im Zeitungstext anders als im Aufruf?

3 Was könnt ihr in eurer Umgebung für die Umwelt tun?
Beratet darüber!

4 Schreibt einen Aufruf und hängt ihn aus!

5 Ihr könnt über euer Vorhaben
auch an der Pinnwand
mit Texten und Fotos berichten.

Textvergleich; Gespräche führen; Projekt: planen, schreiben, berichten

Ein alter Baum erzählt

1 Vor 80 Jahren fiel ich als Eichel auf die Erde.
Dann fing ich an zu keimen und zu wachsen.
Aus einem winzigen Trieb wurde ich zur Mini-Eiche.
Jedes Jahr wurde ich größer und dicker.
Heute bin ich ein riesiger Baum.
Mich besuchen viele Menschen
und Tiere. Ich glaube, sie sind
meine Freunde, obwohl ich
manchmal denke, ...

 Was könnte die Eiche noch erzählen?
Schreibe es auf!
Stellt eure Arbeiten aus und
sprecht darüber!

2 Erkundet, wie es Bäumen in eurer
Umgebung geht!
Sprecht darüber, was zu tun ist,
damit sie noch lange leben!

Ein neuer Baum muss her!

Das ist Mathias (10) aus Essen.
Schon früher hat er den großen
Wildkirsch-Baum vor seinem
Elternhaus geliebt.
Und dann kommt er vor ein
paar Wochen von der Schule
nach Hause und hört schon
von weitem das Kreischen
der Kettensäge. „Von meinem
Baum war nichts mehr übrig.
Ich war wütend und hab
geweint." Sofort schreibt
Mathias eine Beschwerde an
den Oberbürgermeister.
Ein paar Tage später bekommt er einen Anruf vom
Grünflächenamt. „Die haben gesagt, dass der
Baum krank war. Dass sie mir, wenn ich möchte,
einen neuen Kirschbaum pflanzen würden."
Für den hat Mathias jetzt die Patenschaft über-
nommen. Er gießt ihn regelmäßig.

Noch eine Autobahn,
noch eine Forststraße,
noch ein Flughafen,
noch ein Bergwerk,
noch ein Kraftwerk,
noch *ein* Baum.

Martin Auer

Ich übernehme
für meinen Baum
eine Patenschaft.

Geschichte weitererzählen; Informationen einholen, mitteilen und im Gespräch auswerten

Wer oder was ist in der Stadt?

 Hier könnt ihr ein **Wer?**-oder-**Was?**-Quiz spielen.

Auch in der Stadt entdeckst du viele Pflanzen und Tiere:
Kaninchen leben oft auf kleinsten Grasflächen.
Marder knabbern nachts gern Autoschläuche an.
In der Dämmerung flattern graue Fledermäuse .
Sie schlafen am Tag kopfunter in alten Gemäuern.
Balkonpflanzen locken Bienen, Hummeln und Schmetterlinge an.

1 Antworte auf die Fragen in ganzen Sätzen!
Unterstreiche die gesuchten Tiere und Pflanzen:

Aha, Subjekt im 1. Fall!

- **Wer** lebt oft auf kleinsten Grasflächen?
  Kaninchen leben oft auf kleinsten Grasflächen.

- **Wer** knabbert gern
  Autoschläuche an?

- **Wer** flattert nur
  in der Dämmerung?

- **Was** lockt Bienen, Hummeln
  und Schmetterlinge an?

2 Schreibt selbst **Wer**-oder-**Was**-Fragen
auf und spielt weiter!

 Ihr könnt euch dazu in der Pause auf dem Schulhof
noch einmal umsehen.

Sätze sagen etwas über **Lebewesen** oder **Dinge** aus.
Nach diesen fragen wir **Wer?** (Lebewesen) oder **Was?** (Dinge)
Wer lebt auf Grasflächen? – Kaninchen
Dieses Satzglied heißt **Satzgegenstand (Subjekt)**.
Fast jeder Satz hat einen **Satzgegenstand (ein Subjekt)**.

Wer oder was ist es?

| Satzgegenstand (Subjekt) | ← Wer? oder Was? | Satzaussage (Prädikat) |

1 Stellt die Fragen und gebt die Antworten mit dem passenden Subjekt!

[____] (baut) sein Nest im Schilf.

[____] (hämmert) für sein Nest eine Baumhöhle.

[____] (klebt) das Nest unter Mauervorsprünge.

[____] (nistet) gern in einem Nistkasten.

die Schwalbe

der Specht

die Meise

der Schwan

2 Was passt zusammen? Schreibe vier Sätze auf! Unterstreiche immer das Subjekt und kreise das Prädikat ein!

jeden Tag zum Storchennest.

Das Storchenpaar   Ich

(magst)   Die Jungstörche

(brütet)   bald

doch auch Störche?   Du   (gehe)

(schlüpfen)   abwechselnd.

Das Subjekt und das Prädikat müssen zusammenpassen:
|Ich| geh|e| ... |Du| mag|st| ... |Sie| schlüpf|en| ...
Subjekt und Prädikat bilden den **Satzkern**.

Übung macht den Meister

Wörter mit ä und äu

1 Schreibe die Nomen der Wortleiste
in Einzahl und Mehrzahl auf!
Kennzeichne die Umlaute!

Erinnere dich:

| Oft wird **a** zu **ä** und **au** zu **äu**.

das Blatt
das Dach
der Kamm
der Mantel
die Nacht
der Raum
der Stamm
der Traum
der Zaun

2 Ergänze die Reime:
ein alter Baum – einige Bäume
ein großer R... – mehrere R...
ein lustiger Tr... – viele schöne Tr...

halten
du hältst

3 Bilde mit den Wortgruppen kurze Sätze!
Unterstreiche die Wortstämme
der Verben:
in den Wald <u>fahr</u>en – Er <u>fähr</u>t in den Wald.
am Rastplatz an<u>halt</u>en – Vater h...
Wasser <u>sauf</u>en – Unser Hund s...
ein Stück <u>lauf</u>en – Maxi l...

a zu ä,
wenn ich die
Mehrzahl bilde:
G**a**st – G**ä**ste

... oder wenn ich ein
verwandtes Wort suche:
<u>fahr</u>en – er <u>fähr</u>t

☆ **kurz – lang – warm?**
Im Frühjahr scheint die Sonne
länger **als** im Winter.
Darum ist es schon etwas ... **als** vorher.
Am 20. März ist der Tag **so** ... **wie** die Nacht.
Danach werden die Nächte ... **als** der Tag.
Der ... Tag im Jahr ist der 21. Juni.
Dann ist es manchmal auch am ... .

Sprich den Text leise und ergänze dabei immer das
passende Adjektiv in der richtigen Steigerungsstufe!

Schreibe einige Sätze vollständig auf!

4 Eine Nuss ist **hart**, aber ein Stein ist **härter**.
Ein Löwe ist **stark**, aber ein Elefant ist …
Brunnenwasser ist **kalt**, aber Eis ist …
Tante Inge ist **alt**, die Oma ist …,
aber die Uroma ist am …

Ergänze die Sätze durch Steigerungs-
stufen der Adjektive!

hart – härter –
am härtesten

Schau im Wörter-
verzeichnis nach!

Schreibe alle Stufen der Adjektive auf!
Unterstreiche die Wortstämme!

 So geht das Aufsuchen im
Wörterbuch noch schneller:

- Lege oder klebe Papierstreifen
  bei den Selbstlauten **A, E, I, O, U** ein!
- Zwischen welchen Papierstreifen
  findest du das gesuchte Wort?
  Schlage nach!
- Ist es nicht auf der Seite, musst du
  vorwärts oder rückwärts blättern.

5 Wie heißen die beiden Tiere mit **ä**?
Wer hat ein weich Fellchen
mit schwarz-weißem Lätzchen?
Das ist unser …

Wer muss den Pelz
auch im Sommer tragen?

6 Lest den Text und sucht die Fehler!
Erklärt die richtige Schreibweise!

Die Grund-
form bilden.

> **Zum Üben** Waldlauf
> Lisa fährt am Wochenende / mit ihren Eltern /
> in den Wald. Sie stellen ihre Räder ab / und gehen ein
> Stück. Plötzlich läuft Lisa los. Mit wenigen Setzen / |
> hat der Vater / sie eingeholt. Er ist ein guter Läufer.
> Lisa hält aber mit. Vater schlegt eine Pause vor. Sie |
> wollen / auf die Mutter warten.

Für meine Freunde

Mäuschenstill

> Wer mäuschenstill am Bache sitzt,
> kann hören, wie ein Fischlein flitzt.

> Wer mäuschenstill
> im Grase liegt,
> kann hören,
> wie ein Falter fliegt.

🙂 Sucht euch draußen einen schönen Platz!
Verhaltet euch eine Weile mäuschenstill!
Was könnt ihr sehen und fühlen?

☆ Schreibe dazu ein Elfchen,
anderes Gedicht oder einen kleinen Text!

> Teich
> Dieser Lärm
> stört mich nicht.
> Ihr seid tolle Sänger!
> Quaaak!

Stelle deinen Text vor und
sprecht darüber!

Lieblingsplätze:

Im Kirschbaum

Ich sitze weit oben im Kirschbaum. Die Kirschen wachsen mir fast in den Mund. Es ist ganz still. Nur ein paar Blätter bewegen sich. Plötzlich höre ich lautes Vogelgeschrei. Stare! Ich klatsche laut in die Hände. Aber die Stare lassen sich nicht stören.
Unsere Kirschen sind wohl ihr Lieblingsgericht.

Marie-Louise

Wiese, grüne Wiese

Auf einem Maulwurfshügel,
da sitzt ein Käfermann.
Er lupft die bunten Flügel
und schaut die Landschaft an.
Sieht Hälmelein an Hälmelein,
wo könnt es, denkt er, hübscher sein?

Peter Hacks

☆ Schreibe über deinen Lieblingsplatz in der Natur!
Du kannst ihn auch malen.

Wusstest du schon?

Weißt du, was **Kindersache** ist?

Wie muss ich mit der Suchmaschine suchen?

Die Mutter erzählte
dem Kind im Bett:
„Es war einmal eine Maus,
die riss eines Tages einfach aus ..."
Das Kind unterbrach sie erschrocken:
„Hoffentlich nicht unsere,
wie surfe ich sonst durchs Internet!"

Hans Manz

Wie informiert ihr euch? Tauscht euch darüber aus!

Was ich alles mit einem Computer machen kann

Die Klasse hat einen neuen Computer bekommen.
Nun überlegen die Kinder, wie sie
mit dem Computer umgehen wollen:

surfen
anklicken
kopieren
herunterladen
einscannen
brennen
speichern
suchen
schreiben
überarbeiten
informieren
anfragen
zeigen
antworten
anhören
ansehen
sortieren
gestalten

1 Tragt im Gespräch zusammen, was man
mit einem Computer alles machen kann!

2 Was würdest du gern damit machen?
Was hast du schon einmal ausprobiert,
was kannst du schon?
Sprich darüber!

☆ Schreibe für Kinder, die noch nicht so gut mit einem Computer
umgehen können, eine kurze Bedienungsanleitung!
Du kannst auch dazu zeichnen.
Beginne so: *Gerät einschalten*
Programm anklicken
Datei suchen
...

Heftet eure Anleitungen in eine Mappe und legt sie aus!

3 Moritz hat eine Geschichte am Computer geschrieben
und bearbeitet. So ist er dabei vorgegangen.
Setze die zusammengesetzten Verben als Prädikate ein:

einschalten Er (schaltet) den Computer (ein).

anklicken Dann ◯ er die richtige Datei ◯.

durchlesen Zuerst ◯ er die Geschichte noch einmal ◯.

auslöschen Mit der Maus ◯ er auf dem Bildschirm einen Satz ◯.

einsetzen Dafür ◯ er einen anderen ◯.

umstellen Auch die Reihenfolge ◯ er ein bisschen ◯.

ausdrucken Zum Schluss ◯ er die Geschichte vier Mal ◯.
Wem könnte er sie schenken?

Schreibe die Sätze auf!
Kreise die beiden Teile
der Prädikate ein!

Das **Prädikat** hat ja
plötzlich zwei Teile.

4 Der Freund von Moritz hat
noch nicht am Computer gearbeitet.
Moritz erklärt ihm, wie es geht:

„Zuerst (musst) du den Computer (einschalten).
Dann (kannst) du deine Datei (anklicken)."

Vergleiche die Prädikate
in den Aufgaben 3 und 4!
Was stellst du fest?

Das Verb am Satzende
gehört auch
zum Prädikat.

5 Was könnte Moritz seinem Freund
noch erklären? *Du kannst, darfst, sollst, musst ...*

Schreibe Sätze wie in Aufgabe 4! Wähle aus:
*auswechseln, einsetzen, anordnen,
umstellen, austauschen, einfügen, auswählen*
Kreise beide Teile der Prädikate ein!

Einladung zur Gartenparty

Melanie möchte eine Gartenparty feiern.
Am Computer entwirft sie dafür eine Einladung.

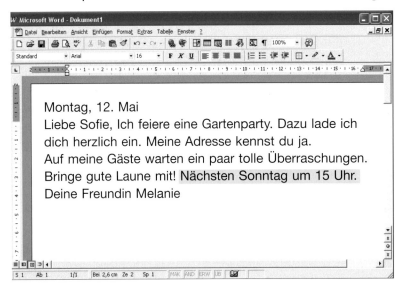

markieren
kopieren
einsetzen
löschen
Satz umstellen
speichern

1 Erkläre mit den Fachbegriffen am Rand,
wie Melanie ihren Entwurf überarbeiten will!

2 Nach der Überarbeitung hat sie ihren Text
schön angeordnet und gestaltet.

1. Entwurf:

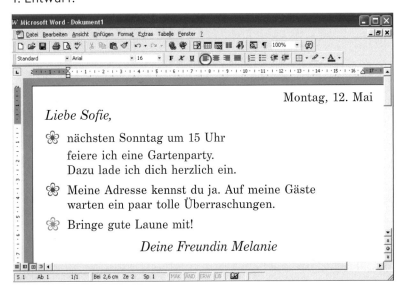

Einladung mithilfe des Computers schreiben und gestalten;
elementare Bedienhandlungen beherrschen

2. Entwurf:

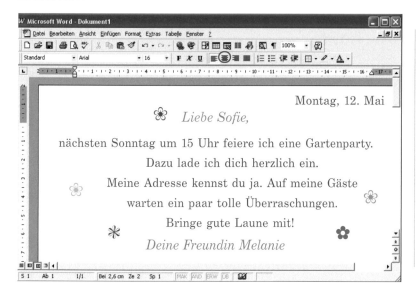

Schriftgröße
Schriftart
Farbe
Absätze

anordnen/
formatieren

in Mitte des Blattes
setzen/zentrieren

Schmuckzeilen
Symbole

3 Was hat Melanie alles am Computer getan,
damit ihre Einladung schön aussieht?
Die Fachbegriffe am Rand helfen dir beim Erklären.

„Zentrieren"
kommt von „Zentrum"
und bedeutet:
Mittelpunkt.

4 Melanie möchte auch ihre Freundinnen Julia und Fatma
und ihre Freunde Max und Ali einladen.

Melanie markiert mit der Maus den Text.
Dann kopiert sie ihn in eine neue Datei
und verändert die Anrede.
Dann druckt sie ihn aus.

oder:

Melanie verändert die Anrede
und druckt die Einladung aus.

Sprecht über die zwei Möglichkeiten!

Ich hoffe,
ihr kommt
alle.

5 Entwirf selbst eine Einladung am Computer!

In der Schriftart „Wingdings" findest du
viele Symbole, mit denen du deine Einladung
gestalten kannst.

Übung macht den Meister

Wörter mit hl, hm, hn, hr

Julia und Ali üben mit ihrem neuen Lernprogramm.
Sie haben auf einer Seite Wörter mit **h** entdeckt.

1 Schreibe die Lösungswörter auf: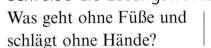
Was geht ohne Füße und | Wer hört alles und
schlägt ohne Hände? | sagt doch nichts?

2 Was passt zu den Wörtern **Ohr** und **Uhr**?
Tasche, Wurm, Ring, Muschel, Zeiger, Laden
Schreibe zusammengesetzte Nomen:
der Ohrwurm, ...

3 Ordne die Wörter der Wortleiste zu:

hl	hm	hn	hr
hohl	...	...	...

 Oft steht nach langem Selbstlaut ein **h**.
Du hörst es nicht. Der Wortstamm hilft dir.

4 Ergänze die Wortstämme:

fahren	wohnen	zählen
der <u>Fahr</u>er	die <u>Wohn</u>ung	die <u>Zähl</u>ung
die ...erin	der Be...er	die Er...ung
das ...rad	der Ein...er	der Er...er
die ...t	be...en	sich ver...en

5 Welche Adjektive haben sich hier versteckt?
Schreibe sie auf!
Die Wortleiste hilft dir dabei.

hohl

Wortleiste:
*ähnlich
fahren
hohl
kühl
das Ohr
die Uhr
der Verkehr
wahr
wohnen
zählen

ihm
ihn
ihr*

6 Ergänze hier die Wörter aus Aufgabe 5:
ein ... Abend, eine ... Geschichte,
eine ... Nuss, zwei ... Frisuren

7 wahr oder **war**?
Setze richtig ein und begründe:
Die Geschichte ist ...
Die Geschichte ... spannend.

8 Suche verwandte Wörter zu **wahr**!

9 Setze Personalpronomen ein:
Julia gibt **Ali** ein Rätsel auf.
Sie gibt ... ein Rätsel auf.
Ali sagt **Julia** die Lösung.
Er sagt ... die Lösung.
Julia erklärt **Ali** das Wort.
Sie erklärt ... das Wort.

Ich frage:
Wem?

10 Bilde zusammengesetzte Nomen,
in denen **Verkehr** das Grundwort ist:
Der Verkehr auf den Straßen heißt Str...,
auf den Schienen ..., in der Luft ...

11 Verwende **Verkehr** nun als Bestimmungswort!
Sie regeln den Verkehr:
die Ampel, das Schild, die Regel, der Polizist

12 Wähle vor der Kontrolle ein *Joker-Wort* aus:

Der Fehler
im *Joker-Wort*
zählt nicht.

Zum Üben	Wie die ersten Menschen lebten
	In der Frühzeit / wohnten die Menschen in Höhlen.
	Diese waren im Sommer kühl / und im Winter warm.
	Ihre Werkzeuge waren sehr einfach. Nur wenige
	sehen unseren / heute noch ähnlich. Ihre Uhr war die
	Sonne. Schon sehr früh am Tage / gingen sie zur Jagd.

Speech bubbles:
Ich **war** gestern auch schon hier.
Ist das **wahr**?

Eine Wissensrunde

Die Klasse 3a hat sich eine Wissenskartei angelegt.
Sie kann immer wieder ergänzt werden.
Auf den Kärtchen steht vorn eine Frage
und auf der Rückseite die Antwort:

Was ist das?
a) Tigerfell
b) Zebrafell
c) Sanddünen
d) Mondlandschaft

Wie heißt der Freund von Lukas dem Lokomotivführer?
a) Ernie
b) Willi
c) Jim Knopf

Antwort c:
Jim Knopf

Antwort b:
Zebrafell

Welche Frucht enthält viel Vitamin C?
a) Erdbeere
b) Kirsche
c) Johannisbeere
d) Zitrone

Antwort d:
Zitrone

Welche Hunderasse spielt in einem bekannten Kinofilm eine wichtige Rolle?
a) Dackel
b) Dalmatiner
c) Pudel
e) Schäferhund

Antwort b: Dalmatiner

 Fertigt euch auch eine Wissenskartei an!
Nutzt dazu Kinderzeitschriften,
Nachschlagewerke und das Internet!

☆ Veranstaltet ein Wissensquiz:
• Wer soll der Quizmaster sein?
• Nach welchen Regeln läuft
  das Ratespiel ab?
• Wird es Musik, eine Bühne und Preise geben?

Mit Tieren leben

Ich hatte einen Traum,
einen wunderbaren Traum
von einem wunderschönen Baum.
Drauf saß ein kleines Tier,
ein weiches, weißes Tier,
das träumte
von mir.

Martin Auer

Erzähle zu dem Bild!

Tierpflege

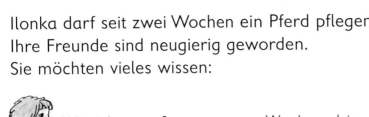

1 Ilonka darf seit zwei Wochen ein Pferd pflegen.
Ihre Freunde sind neugierig geworden.
Sie möchten vieles wissen:

 Wie sieht es aus?

Was kann dein
Pferd alles?

 Was frisst es?

Wie pflegst du es?

 Hört es auf dich?

Was ist es denn
für ein Pferd?

Ilonka antwortet so:
„Mein Hali hat rötlich-blondes Fell und eine helle Mähne,
kleine Ohren und ausdrucksvolle Augen. Er kommt aus den
Bergen und kann ganz viel. Er kann springen, galoppieren und
einen Wagen ziehen. Und dann schläft er im Stehen und frisst
Heu und Hafer. Ich striegle ihn oft und gebe ihm Wasser.
Mein Hali ist brav und schlau und hört auf mich."

Welche Fragen hat Ilonka beantwortet?
Lies eine Frage und die passende Antwort
aus dem Text vor!

Auf eine Frage
hat Ilonka nicht
geantwortet.

2 Überlege dir Fragen und Antworten
zu deinem Lieblingstier!
Mach dir dazu Stichpunkte:
Aussehen, Eigenschaften, Futter, ...

3 *galoppieren, winseln, bellen, traben, schnurren, knurren,*
rennen, jaulen, quieken, trällern, wiehern, springen
Was passt zum Pferd? Zähle auf: *Das Pferd galoppiert, ...*

 Wenn du Wörter aufzählst, musst du dazwischen
immer ein Komma setzen.

4 Schaut euch noch einmal das Bild auf Seite 105 an!
Wen oder **Was** striegeln, streicheln oder
beobachten die Kinder?
Findet möglichst viele Beispiele!

5 Für **wen** holen die Kinder Futter?
Reis mit Fleisch für das Pferd
Milch für den Hahn
Körner für den Hund
Heu für die Katze
Bringe Ordnung hinein! Nenne weitere Beispiele!

für einen Hund,
für den Vogel,
4. Fall

6 **Wem** können die Kinder selbst Futter geben?
Findet Beispiele!

dem Fohlen,
einer Katze,
3. Fall

7 Sage, woraus die Tiere fressen oder saufen!
Schreibe vier Antworten so auf:
Das Pferd frisst aus einer Raufe.
Es säuft aus …

der Trog   die Krippe   der Eimer   die Raufe   der Fluss   der Napf

8 Ha, ha, …!
Die Kinder sollen eine Wiese mit einem grasenden Pferd
malen. Nach einiger Zeit gibt Alex ein leeres Blatt ab.
Die Lehrerin fragt erstaunt: „Wo ist denn hier die Wiese,
die du malen solltest?"
Alex … Das Pferd hat das Gras schon aufgefressen.
Frau Müller … Aber ich sehe doch gar kein Pferd.
Alex … Das ist auf eine andere Wiese gegangen,
auf der es noch Gras gibt.

sagen
erklären
antworten
erwidern
entgegnen
…

 Ergänze die Begleitsätze und setze die Satzzeichen
der wörtlichen Rede!

Eine Schreibkonferenz zu Tiergeschichten

Die Kinder haben ihre Erlebnisse mit Tieren aufgeschrieben.
Anne hat eine Geschichte über Carlo erzählt:

> Ich bin Anne und 9 Jahre alt. Ich habe ein Pferd mit Namen Carlo.
> Carlo ist ein Shetlandpony. Ich bin mit Carlo schon ausgeritten.
> Ich ritt drei Stunden lang. Nach zwei Stunden konnte ich nicht mehr.
> Carlo ist für mich ein bisschen zu klein. Wir haben eine Katze.
> Sie heißt Tigger. Er ist sehr wild. Wir haben noch zwei Hunde.
> Lotte und Tönchen. Lotte sieht wie ein Schaf aus und Tönchen
> ist schon 13 Jahre alt. Lotte ist 9 Jahre alt.

 Anne will ihren Text überarbeiten. Deshalb stellt sie
ihre Geschichte anderen Kindern in einer Schreibkonferenz vor.

- Anne liest den Text langsam vor.

Worum geht es
denn eigentlich?

- Die Kinder besprechen,
    - ob sie alles verstanden haben,
    - was ihnen am Text gefällt
      und was nicht,
    - ob die Satzanfänge abwechseln,
    - ob die Tätigkeitswörter (Verben)
      treffend sind,
    - ob alles richtig geschrieben wurde,
    - ob etwas verändert werden muss.

Geht es ums Pferd,
die Katze oder die Hunde?

Viermal „Ich"?

Schreib doch
nur über Carlo!

Was hast du denn
mit Carlo erlebt?

- Anne macht sich Notizen
  und verbessert im Text.

Ich bin Anne und 9 Jahre alt.
Ich heiße Anne und bin
Ich habe ein Pferd mit Namen
Carlo.
Carlo ist ein Shetlandpony.
Es ist
Ich bin mit Carlo schon aus-
geritten.
Einmal bin ich mit ihm

- Später schreibt sie den Text noch
  einmal auf ein besonderes Blatt.

☆ Stelle deine Geschichte auch so
in einer Schreibkonferenz vor!

Eine eigene Tiergeschichte erzählen

1 Erinnere dich an ein lustiges, trauriges oder
spannendes Erlebnis mit einem Tier!
Sage, wovon du erzählen möchtest! Zum Beispiel:
Ich möchte von meinem Kaninchen erzählen,
das etwas angeknabbert hat.

2 <u>Überschriften können neugierig machen.</u>

Zu welcher würdest du gern ein Erlebnis lesen?
– Wie wir nachts von Wildschweinen besucht wurden
– Ich habe ihn nicht bestraft
– Als ich einmal vom Pferd fiel
– Mücken, Mücken – überall Mücken
– So ein Tollpatsch!

 Schreibe nun eine Überschrift zu deinem Erlebnis!

3 <u>Beginne deine Geschichte und schreibe,</u>
<u>wo und wann sie begann!</u>

Vielleicht helfen dir diese Stichpunkte:

Wo?	**Wann?**
bei meinem Opa	an einem Abend
in meinem Kinderzimmer	plötzlich
auf dem Zeltplatz	ganz früh am Morgen
an einem kleinen See	an einem Regentag

4 <u>Was geschah oder passierte dann?</u>

 Schreibe weiter!

5 <u>Wie soll deine Geschichte ausgehen?</u>

6 Besprecht eure Texte so, wie die Kinder in ihrer
Schreibkonferenz vorgegangen sind!

tollen
springen
hüpfen
winseln
jaulen
wiehern
knurren
wedeln
heulen

putzig
vergnügt
drollig

Als ich einmal
Angst hatte

Vogel entflogen!

Tina hat eine Suchanzeige geschrieben:

Mein Vogel ist weggeflogen. Bitte bringt ihn mir zurück! Es gibt auch eine Belohnung. Tina

So geht das nicht.

1 Welche Angaben müssten auf dem Zettel stehen,
damit der Finder das Tier erkennen und zurückgeben kann?

– ist ein Wellensittich
– ist hellblau gefiedert
– er ist ganz niedlich
– frisst gern Salat
– hat 10 Euro gekostet
– spricht Deutsch
– kann sagen, wo er wohnt
– hört auf den Namen Bubi
– kann gut sprechen

– Telefonnummer
– Finder erhält gute Belohnung
– will immer frei fliegen
– schläft auf einem Bein
– bitte abgeben bei Tina Mai,
  Müllerstr. 10

2 Prüfe Tinas Suchanzeige!
Schreibe sie mit den nötigen Angaben auf!

Es flog vorbei im Sonnenschein,
flog schnell vorüber und war klein.
Ein Vogel könnt's gewesen sein.
Doch sicher ist das nicht, o nein.
Leb wohl, du mein Vorüberlein.

Josef Guggenmos

 Wie könnte eine Suchanzeige zu deinem Haustier aussehen?

Seltsame Tiere?

1 Bildet Spaßsätze und lest sie vor:

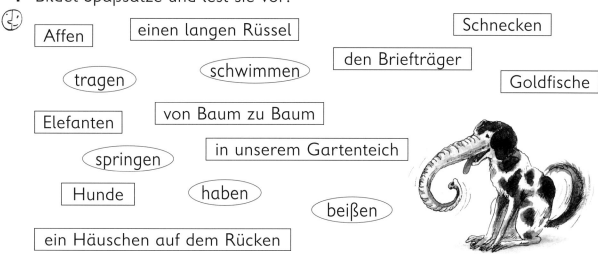

Affen · einen langen Rüssel · Schnecken · tragen · schwimmen · den Briefträger · Goldfische · Elefanten · von Baum zu Baum · in unserem Gartenteich · springen · Hunde · haben · beißen · ein Häuschen auf dem Rücken

2 Schreibe nun die Sätze richtig auf!

3 Unterstreiche in den Sätzen den Satzkern (Subjekt und Prädikat):

Affen springen von Baum zu Baum.

Goldfische ...

☆ Was ist an diesem Tier seltsam?

In Südamerika lebt ein seltsamer Vogel.
Dieser Vogel heißt Hoatzin.
Der Hoatzin ähnelt einem Urzeitvogel.
Bei Gefahr klettern seine Jungen
aus dem Nest. Die kleinen Vögel
haben Klauen an den Flügeln.
Damit halten sie sich an den Zweigen fest.

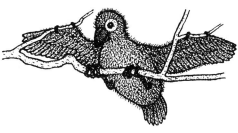

Erfragt das Subjekt in jedem Satz:

Wer (lebt) in Südamerika? *ein seltsamer Vogel*

Wer (heißt) ...? ...

Übung macht den Meister

Wörter mit ie und ieh

1 Welche Tiere mit **ie** sind gemeint?

 Es fängt mit **B** an,
hat fünf Buchstaben und ist fleißig.

Es fängt mit **F** an,
hat sechs Buchstaben und ist lästig.

Es fängt mit **Z** an,
hat fünf Buchstaben und meckert.

Die Bienen fliegen
in den Flieder
und kommen immer,
immer wieder.

2 Ergänze die Reimwörter:

die Ziege	die Biene
die Fl…	die Sch…
das Tier	der Riegel
das B…	der Sp…

der Brief
fliegen
frieren
liefern
liegen
das Papier
riechen
schieben
tief
das Ziel
zielen
ziehen

hier

fliehen
das Vieh
aber:
die Viecher

3 Übe die Nomen aus der Wortleiste!
Denke dir eine Übung aus!

4 Suche zu jedem Verb aus der Wortleiste
ein verwandtes Wort!
Schreibe so: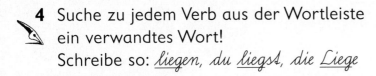

Der lange I-Laut
wird <u>meist</u> als **ie**
geschrieben.

5 Bilde aus den Verben der Wortleiste
und den Wortbausteinen **er-**, **ver-**, **ab**, **be-**, **vor** neue Wörter!
Wähle dir zwei davon aus und schreibe Sätze!

6 Ergänze *ziehen, anziehen, ausziehen, überziehen*!
Verwende jedes Verb nur einmal:
den Wagen …, die Strümpfe …,
die Jacke …, die Schuhe …

Wörter mit ie und ieh; Rätsel; Reimen; Wortfamilie;
zusammengesetzte und abgeleitete Verben

7 Verkehrte Welt.
Schreibe die Sätze richtig:
Das Schaf zieht den Wagen.
Das Pferd liegt auf der Eisscholle.
Der Hund liefert uns Wolle.
Der Eisbär riecht seinen Herrn.

8 Wo findest du die meisten Stichwörter?
Bei **zie**, **lie** oder **rie**?

Wenn ich rieche,
bin ich dann ein Riecher?

9 Wie heißen die verwandten Verben zu
Ziel, Spiel, Fliege, Sieg, Sieb?
Schreibe so:
das Ziel, zielen, …
Kennzeichne immer den Wortstamm!

Ich habe
den Riecher vorn.

10 Was ist **schief**? Was ist **tief**?
der See, der Turm, der Strich, die Grube, der Zaun
Wähle aus und schreibe zwei Antworten auf!

11 Wer siegt ist ein Sieger oder eine Siegerin.
Wer dient, …
Wer spielt, ist …
Wer verliert, …

Wie geht es weiter?

Wer etwas kriegt,
ist noch lange
kein Krieger.

Und wer liebt,
ist noch lange
kein Lieber.

Zum Üben

Bei den Bären
Wir besuchen heute die Raubtiere. Unser Ziel
sind die Bären. Ein Bär liegt auf den Steinen /
und sonnt sich. Der andere zieht / an einem Ast.
Da fliegt ein Stück Papier in den Käfig. Der Bär
steht auf / und brummt mit tiefer Stimme. Er schiebt
das Papier zur Seite / und riecht daran.
Wer hat ihm da einen Brief geschrieben?

Kuddelmuddel; Arbeit mit dem Wörterverzeichnis; Wortfamilie; Adjektive vor Nomen

Für meine Freunde

Tierspiele

Die Kinder haben sich ein **Tier-Reime-Memory** angefertigt:

Es war einmal ein Pferd,

das war sauber und rein.

Es war einmal ein Schwein,

Es war einmal eine Ziege

Es war einmal eine Ente,

in einer Turnriege.

Es war einmal ein Elefant,

das ging stets verkehrt.

die war schon in Rente.

der war im ganzen Land bekannt.

☆ Schreibt auch Tierreime für ein Memoryspiel!

☆ Ihr könnt euch auch solch ein **Tier-Memory** basteln:
  - Überlegt euch zuerst Wortzusammensetzungen, in denen
    Tiere vorkommen, zum Beispiel: *Katzen-Auge, Wasser-Hahn,
    Hasen-Fuß, Bücher-Wurm, Hühner-Auge, Pferde-Apfel, …*
  - Fertigt euch nun zu jedem Wort ein Kärtchen an!
    Ihr könnt kleben oder malen.
  - Legt die Spielregeln für das Memory fest!

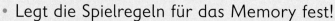

Bücher, Bücher, …

Text wird illustriert, es entstehen Buchseiten

Text wird in der Redaktion eines Verlages besprochen

Buch wird in der Druckerei gedruckt und gebunden

Buch kann nun gekauft und gelesen werden

Autorin oder Autor hat eine Buch-Idee

Ich möchte die Schriftstellerin etwas fragen.

Wollen wir sie einladen?

Lesen heißt auf Wolken liegen
oder wie ein Vogel fliegen.
Such dir aus, was dir gefällt!
Schau von oben in die Welt!
Christa Zeuch

Die Bilder zeigen dir, wie ein
Buch entsteht und weiter lebt.
Sprich dazu!

Aus der Geschichte des Buches

Der Begriff Buch stammt von Buche, auf deren Rinde im alten Germanien geschrieben wurde. Zu den Vorläufern des Buches gehörten gebrannte Tontafeln, Holz- oder Bambustafeln, in die Schriftzeichen eingeritzt wurden. Sie wurden mit einer Schnur zusammengehalten. Anderswo schrieb man auf Streifen aus Seide oder Papier, auf Palmblätter, Birkenrinde, Leder, Papyrus und Pergament. Daraus wurden Schriftrollen.

Im Mittelalter schrieben Mönche noch Bücher sehr mühsam mit der Hand. Oft schmückten sie einzelne Seiten mit prächtigen Buchstaben sowie goldenen und farbigen Verzierungen. Der Bucheinband bestand aus hölzernen Deckeln, die häufig durch Metallschließen zusammengehalten wurden. Oftmals war der Einband mit Leder überzogen und reich geschmückt. Die Herstellung eines Buches dauerte Jahre. Daher gab es nur wenige, sehr kostbare Bücher.

Erst die Erfindung des Buchdrucks ermöglichte das Herstellen vieler Bücher. Texte aus beweglichen Bleibuchstaben – auch Lettern genannt – wurden mit Druckerschwärze eingefärbt und mit einer Druckerpresse auf Bögen gedruckt.

Heute werden Texte und auch Bilder für ein Buch direkt in den Computer eingegeben und in einer Druckerei gedruckt. Die bedruckten Papierbögen werden danach mit einer Maschine geschnitten und zu einem Buch gebunden.

A

B

C

1 Der Text enthält viele Informationen zur Geschichte des Buches.
Nenne drei, die für dich neu sind!
Du kannst die passenden Sätze vorlesen.

2 Zu welchen Textstellen passen die Bilder A, B und C? Lies vor!

3 Wie wird heute ein Buch hergestellt?

4 Viele Bücher stehen im Regal.
Wir wissen schon, wie Bücher ...stehen.
Sehr alte Buchdeckel können aus Holz ...stehen.
Wir ...stehen, dass viele alte Bücher sehr kostbar sind.

ver- ent-
er- be-
stehen

 Ergänze die Verben mit den passenden Vorsilben!

5 Bilde aus den Wörtern zusammengesetzte Nomen:
Kinderbücher, Malbücher, ...

Abenteuer   Kinder   Märchen   kochen
                                                    Rätsel
basteln    **BÜCHER**   hören
                                        Telefon   malen
Sache   Wörter   Schule

Wähle mindestens drei aus und erkläre, warum sie so heißen!

6 Wie habt ihr
eure Bücher geordnet?

Ich ordne
nach der Größe.

| nach der Größe
| nach dem Alphabet
| nach dem Verfasser
| nach Sachgebieten

7 Die Kinder der Klasse 3a wollen neue Kartei-
karten für ihre Klassenbücherei anlegen.
Welche Angaben sollen aufgenommen werden?

*Verfasser, Gewicht, Titel, Inhalt, Geschmack,
Verlag, Preis, Duft, Umfang, Größe, Seitenzahl*

So sah die alte Karte aus:

Titel:	Der Findefuchs	
Autor:	Irina Korschunow	
Name:	ausgeliehen am:	zurückgegeben am:
1. Jens	10. Mai	
2.		
3.		
4.		

8 Für ein Buchprojekt
Zuerst müssen wir darüber...   raten
Aber wir wollen noch nichts ...
Unser Buch wird viele Geschichten ... halten
Alle sollen ein Exemplar ...
Jedes Kind soll sein Tier ...   schreiben
Beim Text will keiner sich ...

 Schreibe ab und ergänze passende Verben mit Vorsilben!

Ein kleines Buchprojekt

Bücher kann man kaufen, ausleihen, aber auch selber machen.
Die Kinder der Klasse 3a hatten eine lustige Idee für ein
Buchprojekt. Hier siehst du zwei Seiten aus diesem Buch:

Das Bikazel
Das Bikazel wird bis zu 1 m groß und
3 m lang. Es frisst Haare, Papier und
Federtaschen. Die Bikazele kommen aus
Südamerika und werden mindestens
100 Jahre alt.
Jedes Jahr schlüpfen 3 Bikazelchen
aus einem blauen Ei. Sie haben ein
kuscheliges Fell und fühlen sich im
Arbeitszimmer von meinem Papi wohl.
                                    Sandra

Der Namisok
Der Namisok wird bis zu 4,99 m groß und frisst
Besen, Nugat, Brötchen und Blumen. Er wird bis zu
1000 Jahre alt. Er kommt aus China. Am liebsten
trinkt er Cola, Ziegenmilch und Tee. Das Muttertier
der Namisoks bringt ein Namisoklein mit grün-
schwarzem Fell und rot-blauer Farbe zur Welt.
Namisoks bleiben meist bis Mitternacht draußen und
sind sehr lieb.
                                    Alexander

Ihr könnt auch so ein Buch gestalten.

1 Schreibe auf ein Blatt sieben Buchstaben: immer abwechselnd
einen Mitlaut und einen Selbstlaut, zum Beispiel: K E S A H A T.
So heißt nun dein Tier.

Überlege: der ..., die ... oder das KESAHAT?

2 Male dein Tier möglichst groß
in ein Viereck von 8 mal 8 cm hinein!
Schneide es dann aus!

3 Überlege dir, wo dein Tier leben soll!
Suche dazu aus alten Katalogen oder
Zeitschriften ein passendes Bild heraus,
schneide es aus und klebe darauf dein Tier!

4 Bereite ein Probierblatt nach diesem Muster vor:

Zeichenblattgröße

2 cm Heftrand links

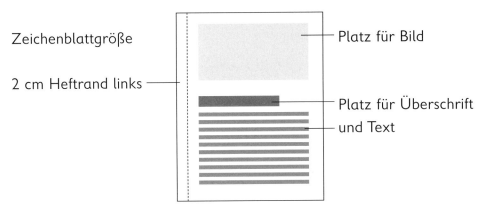

Platz für Bild

Platz für Überschrift
und Text

5 Schreibe zu deinem Tier
einen kleinen Text! Schreibe:
- wie dein Tier heißt,
- wie groß es ist,
- was es frisst!
- wo es lebt,
- wie es sich verhält.

> Vielleicht frisst es Eis
> oder Eierkuchen?

☆ Welches Abenteuer
hat dein Tier erlebt?

Das mutige Kalimor

Das Kalimor war traurig. Alle hatten Angst vor seinen Glitzer- stacheln. Doch eines Tages kam ein riesiger Hai in die Höhle. Alle Fische riefen:„Hilfe! Hilfe! Ein Hai!" Das Kalimor wurde wach und stellte seine Glitzer- stacheln auf. Der Hai war ge- blendet und haute ganz schnell ab. Von dem Tag an hatte das Kalimor viele Freunde.

 Aus diesen Seiten soll nun ein Buch werden.
So könnt ihr vorgehen:
- einen Buchtitel erfinden,
- den Buchdeckel gestalten,
- die Seiten nummerieren,
- die Seiten lochen oder kleben,
- das Buch zusammenbinden oder heften.

Wenn jedes Kind ein Buch haben möchte,
müsst ihr alles vervielfältigen.

Übung macht den Meister

Wörter mit ß

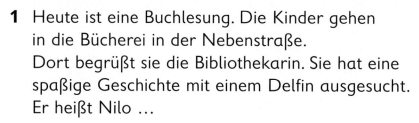

der Fleiß
fleißig
groß
der Gruß
grüßen
heiß
heißen
er hieß
der Spaß
stoßen
er stieß
die Straße
süß
weiß

draußen

1 Heute ist eine Buchlesung. Die Kinder gehen
in die Bücherei in der Nebenstraße.
Dort begrüßt sie die Bibliothekarin. Sie hat eine
spaßige Geschichte mit einem Delfin ausgesucht.
Er heißt Nilo …

 Suche in dem Text verwandte Wörter
aus der Wortleiste heraus und schreibe sie so auf:
die Nebenstraße – die Straße, …

2 Setze das Verb mit den Bausteinen zusammen:

3 Verwende die zusammengesetzten Verben
in Sätzen!

4 *Wir grüßen Delfin Nilo. Er stößt den Ball weg.*
Seine Spielgefährtin heißt Hafi.
Schreibe die Sätze im Präteritum auf!
Kennzeichne die Verben!

5 Was passt zu **Stoß** und was zu **Gruß**?
Verwende: *Dämpfer, Karte, Zahn,*
Geburtstag, Stange
Schreibe so: *der Stoßdämpfer, …*

6 Wie heißt das Gegenteil? Schreibe die Gegensatzpaare auf:
drinnen – draußen | *sauer – …* | *schwarz – …*
kalt   – … | *klein – …*

Wörter mit ß; langer und kurzer Vokal; Zeitformen der Verben;
zusammengesetzte Nomen und Verben

Wörter mit ss und ß

 ß steht nach langem Selbstlaut oder Zwielaut,
ss steht nach kurzem Selbstlaut.

1 Ordne die Wörter der Wortleiste so:

ss	ß
essen	*er aß*

Kennzeichne die langen und
die kurzen Selbstlaute!

2 **au** oder **ei**? – dr…ßen, b…ßen, fl…ßig, h…ßen
Schreibe mit jedem Wort einen Satz!

3 Welche Wörter der Wortleiste reimen sich?
Schreibe sie auf und kennzeichne
die langen und die kurzen Selbstlaute!

4 Schreibe eine Tabelle! Trage die Verben
der Wortleiste ein und ergänze:

Grundform	Präsens	Präteritum	Formen mit ge-
fließen	*er fließt*	*er floss*	*geflossen*
...	*er isst*	...	...
...	...	*er wusste*	...
...	...	...	*geheißen*

Kennzeichne die langen und kurzen Selbstlaute!

Zum Üben

⚀ Inka wartet draußen vor der Bücherei auf Jan.

⚁ Jan lässt sich als Leser eintragen.

⚂ Ina vergaß ihren Leseausweis.

⚃ Sina saß in der Leseecke.

⚄ Sie weiß schon gut Bescheid.

⚅ Arne begrüßt alle.

Wortleiste:

er aß
essen
er biss
beißen
der Fluss
fließen
er hieß
heißen
er ließ
lassen
er riss
reißen
er saß
sitzen
er vergaß
vergessen
er weiß
wissen

Wir stellen unser Buch einem Publikum vor

Die Kinder der Klasse 3a wollen ihr Buch einem Publikum vorstellen.
Sie beraten, was alles zu bedenken ist:

☆ Bereitet nun eure Veranstaltung vor!

☆ Lustige Tiere für eure Ausstellung:

Welche Ideen habt ihr noch?

☆ Überlegt, was mit eurem Tierbuch noch geschehen soll!

Im Sommer

Im Sommer möchte ich
eine Möwe sein,
die ihre weißen Federn
über blaue Meere trägt.
Krah-krah, sagt
die Krähe, das heißt:
Schwarz-schwarz.

Elisabeth Borchers

Sommerwünsche und Sommerträume –
erzähle zu dem Bild!
Welche Wünsche hast du?

Sommer – Sonne – Wanderwetter

1

S – Sonne
O – Obstsalat
M – Meer
M – Melone
E – Eis
R – Reise

S – so schön warm
O – ...
M – ...
M – ...
E – ...
R – ...

 Setze das angefangene Beispiel fort!

2 Timo hat sich für den Wandertag
den Wetterbericht angesehen
und sich Stichpunkte gemacht:

> heiter bis **wolkig**,
> **sonnige** Abschnitte,
> schwach **windig**,
> **sommerlich** warm.

Was meint der Ansager mit *windig, sonnig, wolkig*?

3 Welche Nomen stecken in den farbigen Adjektiven?
 Schreibe so: *wolkig, die Wolke ...*

4 **Fröhlich** singen, **lustig** springen, mag der Weg
auch **schwierig** sein, keiner sieht heut **brummig** drein.
Von welchen Wörtern sind
die vier Adjektive abgeleitet?
Schreibe so: *fröhlich – froh, ...*

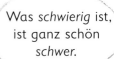

Was *schwierig* ist,
ist ganz schön
schwer.

> Viele Adjektive sind von anderen Wörtern abgeleitet.
> An den Wortstamm werden
> die **Nachsilben -ig** oder **-lich** angehängt.
> *der Saft – saft|ig|, der Sommer – sommer|lich|*

Akrostichon; abgeleitete Adjektive mit den Suffixen -ig und -lich

Schließlich geht es steil in die **Höhe**.
Der Weg zieht sich in die **Länge**.
Wir sollen immer in der **Nähe** der anderen bleiben.
Aber vom Gipfel aus können wir in die **Weite** blicken.
Über einer Schlucht sehen wir in die **Tiefe**.

5 Von welchen Wörtern sind die farbigen Nomen abgeleitet?
Schreibe so: *die Höhe – hoch, die ...*

6 Wir möchten wissen,
wie **hoch** unser Berg,
wie **breit** der Fluss,
wie **tief** und **groß** dieser See,
wie **lang** unser Weg ist.

Wir schätzen die **Höhe** des Berges,
die ... des Flusses, die ... und ... des Sees,
die ... unseres Weges.

Schreibe den Lückentext ab und ergänze
passende Nomen!

☆ Welche Maßangaben stehen auf einer Wanderkarte?

7 Ein Spiel für die Wanderpause:
Bildet einen Sitzkreis und betrachtet euch
gegenseitig ganz genau. Einem Kind werden
die Augen verbunden. Die anderen stellen ihm Fragen,
die es beantworten muss, zum Beispiel:
Wessen Hose hat Streifen? – Bennis Hose
Wessen Jacke ist ...? – Tanjas ...
Wessen Haare sind ...? – ...

Gewittergeschichten – Schauergeschichten

1 Ordnet jedem Bild die passenden Sätze zu!
Ihr könnt die Geschichte auch aufschreiben.

1) Der Gewittersturm heult und pfeift durch den Wald.

2) Plötzlich ziehen dunkle Wolken am Himmel auf.

3) Die Kinder wandern durch den Wald zum See.

4) Dann hören sie auch schon Donnergrollen.

5) Regen prasselt vom Himmel.

6) Es ist ein warmer, sonniger Tag.

7) Es blitzt und kracht.

8) Alle flüchten in die Schutzhütte.

9) Der kühle Schatten im Wald tut gut.

Mir läuft ein Schauer über den Rücken.

Regnet es denn?

2 Susi erzählt, was sie an einem Sommertag erlebt hat:

Vom Gewitter überrascht
Im letzten Sommer erlebten meine Eltern und ich
bei einer Wanderung eine böse Überraschung.
Als wir am Morgen losgingen, strahlte die Sonne
vom wolkenlosen Himmel …

 Erzähle auch eine spannende Gewitter-Geschichte!
Du kannst den vorgegebenen Anfang nutzen.
Schreibe deine Geschichte auf!

Sätze Bildern zuordnen; Gewittergeschichte erzählen

Ferienwunschprogramm

1 Was hast du für Ferienwünsche? Sprich darüber!

2 Welche Ferienwörter entdeckst du?

FERIEN

LA
GER ZELT

TER REI

SPORT

A TEU
ER BEN

3 Stelle dir ein Ferien-Wunschprogramm zusammen:

Juli	
2 Mo	mit Tina baden gehen
3 Di	
4 Mi	mit Mutti Eis essen gehen
5 Do	
6 Fr	Oma besuchen
7 Sa	Sommerfest
8 So	

baden gehen
lange schlafen
schmökern
wegfahren
den ganzen Tag …
mit … treffen

☆ Welchen TIPP kannst du anderen Kindern
für die Feriengestaltung geben?
• Was kostet nicht viel?
• Was ist interessant oder spannend?
• Wo bekommst du Informationen?

Schreibe deinen Ferien-TIPP mit den nötigen
Angaben und hänge ihn an der Pinnwand aus!

Übung macht den Meister

Wörter mit aa, ee, oo

Im Winter toben wir lieber im Schnee.

Im Sommer baden wir gerne im See.

*das Haar
der Kaffee
das Moos
das Paar
paar
der Saal
der See
der Tee*

1 Dichte auch solche Reimsätze!
Verwende: *Tee – Klee, Meer – T…, Aal – S…*

2 Schreibe die Antworten als
zusammengesetzte Nomen:
*Das Ufer am See heißt … Die Rose auf dem See heißt …
Es gibt ein …pferdchen, einen …hund,
einen …löwen und einen …mann.*

3 Immer ein Nomen aus der Wortleiste
ist das Brückenwort:

Katze  Spange: *das Katzenhaar
die Haarspange*

Merkst du dir
die Wörter mit
aa, oo, ee, küsst
dich eine gute …

Ost  Räuber   Ehe  Lauf

Früchte  Kanne

Bohnen  Tasse   Wald  Polster

4 Lies die Wörter: Teeei, Seeelefant, Kaffeeernte, Zooordnung
Wo kommen die Buchstabendrillinge her?

Oh, dreimal <u>ooo</u>!

5 **Paar** oder **paar**?
Sprecht über die Bedeutung dieser Wörter:
ein Paar Schuhe, ein paar Stunden
Setzt richtig ein: *ein … Tage, ein … Strümpfe,
ein … Schlittschuhe, ein … Minuten, ein … Handschuhe*

Abgeleitete Wörter richtig schreiben

1 Wie sagen wir, wenn jemand **Eile** hat,
wenn jemand in **Ruhe** oder mit **Hast** arbeitet,
wenn wir etwas alle **Tage** tun, wenn **Gefahr** droht,
wenn **Nebel** herrscht?

 Welche Adjektive mit den
Nachsilben **-ig** oder **-lich** kannst du
von den Nomen ableiten?
Schreibe so: *die Eile, eilig, eilige Menschen*

Unterstreiche die Wortstämme! Kontrolliere!

 Die Nachsilben heißen entweder **-ig** oder **-lich**.
Verlängere das Wort, wenn du unsicher bist:
ruhig – ruhige Plätze, pünktlich – pünktliche Züge

2 tief – **Tiefe**

 Wir kamen an eine tiefe Schlucht.
Alle blickten in die **Tiefe**.
nass – **Nässe**
Die nasse Erde klebte an den Schuhen.
Die **Nässe** hatte den Boden klebrig gemacht.

 Erklärt, warum das Wort einmal klein- und einmal
großgeschrieben wird! Diktiert euch die Sätze!

3 Trage diese Wortfamilien in eine Tabelle ein
 und kennzeichne die Wortstämme:
*Falte, faltig, falten, Falter kippen, Kipper, kipplig,
auskippen Fahrt, befahren, abfahren, fahrig*

Verb	Nomen	Adjektiv
falten	die Falte der ...	faltig

Für meine Freunde

Geräusch-Geschichten

Die Kinder der Klasse 3a haben sich etwas Besonderes ausgedacht.
Ihre Gewitter-Geschichte von Seite 126 haben sie
mit Musikinstrumenten und anderen Geräuschen
noch spannender gemacht.

☆ Wie könnt ihr diese Geräusche darstellen:
*Donner kracht, Regen plätschert, der Sturm heult,
die Blätter rascheln, die Kinder rennen, …* Probiert es aus!

☆ Und so wird es eine Geräusch-Geschichte:
Ein Erzähler liest die Gewitter-Geschichte vor.
Bei den Wörtern Blitz, Donner, Sturm, Regen
hält er an und die Kinder machen die Geräusche.

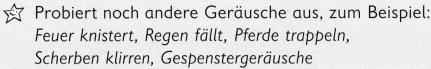

Ich nehme alles
auf Kassette auf.

☆ Probiert noch andere Geräusche aus, zum Beispiel:
*Feuer knistert, Regen fällt, Pferde trappeln,
Scherben klirren, Gespenstergeräusche*

☆ Mit Geräuschen könnt ihr ohne Worte
ganze Geschichten erzählen. Wie hört es sich an,
– wenn Papa morgens aufsteht,
– wenn Mutti in der Küche arbeitet, …

Denkt euch noch andere Geräusch-Geschichten aus!

Bist du fit für die 4. Klasse?

Am Ende des Schuljahres will die Klasse 3a
wieder ein Sprachfest durchführen.
Sie plant es und bereitet die sechs Stationen vor.

Eintritts-
karte

ein langer
Sommersatz
mit vielen
Adjektiven

Wir liegen auf einer
weichen, grünen,
duftenden Sommerwiese …

… mit vielen roten,
blauen und gelben Blumen.

1. Station — Gesichterschau – genau beschreiben

2. Station — Wortbaustelle – Verben zusammensetzen und ableiten

ver- aus
be- bauen vor zu malen

3. Station — Satzbaustelle – Satzglieder

4. Station — Marktschreier – Adjektive steigern

Kauft Leute! Hier
gibt es süße Bonbons!

Meine Bonbons sind
viel süßer und größer!

5. Station — Reimbasteleien – richtig schreiben

Tipps
und Tricks

6. Station — Erzählerrunde – Geschichten schreiben

Wenn du etwas beschreibst, soll sich das ein anderer genau vorstellen können.
- Achte auf eine gute Reihenfolge!
- Nutze passende Nomen und Adjektive!

Die Kinder der Klasse 3a haben sich gegenseitig geschminkt.

… einen krummen, roten Streifen auf der Stirn.

… einen breiten, hellroten Mund.

… einen langen, struppigen Katzenbart unter der Nase.

Schminkt euch gegenseitig!

Wen malst du an?

Dreimal darfst du raten!

Schreibe auf ein Blatt, wie das Gesicht des Kindes aussieht, verrate aber seinen Namen nicht!

Hängt eure Beschreibungen auf und ratet, welches Kind gemeint ist:

Genau hinschauen!

… einen kleinen, blauen Punkt auf der Stirn.

… sehr kurze und rote Haare.

Ich bin Lars vom Mars.

Wer bin ich heute?
Überlege dir zu deinem Schmink-gesicht eine passende kleine Geschichte und schreibe sie auf:
Ich bin … Ich komme aus /von …
Stell dir vor, was ich erlebt habe.

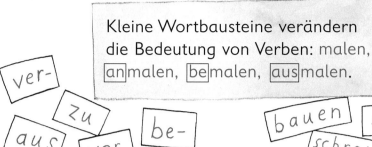

Kleine Wortbausteine verändern die Bedeutung von Verben: malen, [an]malen, [be]malen, [aus]malen.

ver-
zu
aus
vor
be-

bauen   spielen   laufen
schreiben   malen

Immer etwas ganz anderes.

Was passt zusammen?
Probiere und schreibe
möglichst viele Beispiele auf!

Schreibe nun mit deinen Verben fünf Sätze!
Nutze dazu diese Satzanfänge:
Die Kinder … Wir …
Die Eltern … Sie … Die Lehrer …

aus   bauen

3. Station

Ein Satz besteht aus verschiedenen Satzgliedern.
Sie lassen sich umstellen.
Jeder Satz braucht ein (Prädikat).
Nach dem Subjekt fragst du „Wer? oder Was?"

Luzie	findet	ein Baumhaus	im dunklen Wald
Willi	baut	eine Torte	auf dem Mars
Frau Bach	sucht	eine Pappnase	im Ballon
der Detektiv	kocht	den Hauptpreis	unter der Dusche
Max	kauft	ein Raumschiff	auf dem Dach
Lena	versteckt	eine Zahnspange	hinter einer Bude

   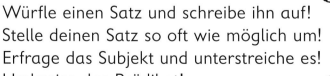

Würfle einen Satz und schreibe ihn auf!
Stelle deinen Satz so oft wie möglich um!
Erfrage das Subjekt und unterstreiche es!
Umkreise das Prädikat!

Luzie kocht eine Torte im dunklen Wald

133

Adjektive kann man steigern:		
Grundstufe	**Mehrstufe**	**Meiststufe**
billig	billiger	am billigsten
schön	schöner	am schönsten

Kauft, Leute! Hier gibt es süße Bonbons!

Kommt lieber zu mir! Meine Bonbons sind viel süßer und größer!

Wählt euch etwas vom Marktstand aus und preist es an!
Nutzt dabei die **Grundstufe**, **Mehrstufe**
und **Meiststufe**!
Wem fällt dazu am meisten ein?

Und wie lässt sich das Adjektiv **gut** steigern?

Meine Melone ist super.

Und meine Melone ist …

alt

hoch gut

Schlagt im Wörterbuch nach,
wie die Adjektive gesteigert werden!

blau schwarz lila
rot rosa

Wie ist es mit Farben?
Probiert es aus und sprecht darüber!

5. Station

Tipps und Tricks

Hier kannst du nachschlagen!

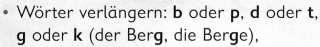

Nachts in der Bur_

Mit **g** oder **k**? Verlängere!

Es klappert
und pl__,
es gleitet
und schr__,
es schwatzt
und kr__,
es scharrt
und kn__,

es raunzt
und m__,
es schleicht
ganz l__,
und höhnt
und st__,
es zischt
und w__,
es wimmert
und sch__

Es heult immer schlimmer
und trabt durch die __.
Auf weißem Ross
durchs Geister__.

Es ist das __.

 Ergänze die Überschrift und finde die Reimwörter!
Markiere kurz gesprochene Selbstlaute (es klappert)
und lang gesprochene Selbstlaute und Zwielaute (es gl<u>ei</u>tet).

 Schreibe die Nomen mit ihren Artikeln heraus!

 Suche zum Verb kratzen viele
Wörter der Wortfamilie!

Lernwortfächer
Für diese Wörter gibt es
keine Tipps und Tricks,
also üben, üben, üben!

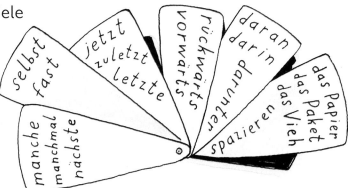

selbst · fast · jetzt · zuletzt · letzte · vorwärts · rückwärts · daran · darin · darunter · das Papier · das Paket · das Vieh · spazieren · manche · manchmal · nächste

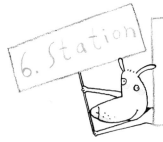

6. Station

Eine Geschichte soll eine passende Überschrift haben und geordnet erzählt werden. Wörtliche Rede, passende Verben und Adjektive machen deine Geschichte lebendig.

 Schreibt eine **Weitergeb-Geschichte** oder eine **Fantasie-Geschichte**!

 So könnte eure **Weitergeb-Geschichte** anfangen:

Als ich heute zum Bäcker ging, kam mir der Teig entgegen.

Ihr könnt auch anders beginnen. Arbeitet dann so:

Ich schreibe den Anfangssatz.

- Einer schreibt den Anfangssatz und gibt ihn weiter.
- Der Nachbar schreibt einen Satz dazu und reicht das Blatt weiter.
- Vergesst nicht das Ende der Geschichte und eine Überschrift!

Die Sätze müssen gut zueinander passen.

Welches Abenteuer könnten die Kinder in dem Ballon erleben? Denke dir eine **Fantasie-Geschichte** aus!

Hat Spaß gemacht!

Manchmal habe ich ganz schön lange gebraucht.

Mein Freund hat mir geholfen.

Aber wir haben es alle geschafft.

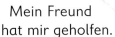

Willkommen in Klasse 4

Begriffe von A – Z

Diese Begriffe hast du im 2. und 3. Schuljahr gelernt.
Hier sind sie nach dem Alphabet geordnet:

- Adjektiv   S. 23, 81
- Artikel   S. 10, 65
- Aufforderungs-
  satz, Ausruf   S. 21, 25
- Aussagesatz   S. 21, 25
- Einzahl   S. 25
- Endung   S. 21
- Fragesatz   S. 21, 25
- Grundstufe   S. 81
- Mehrstufe   S. 81
- Mehrzahl   S. 25
- Meiststufe   S. 81
- Nachsilbe   S. 124, 129
- Nomen   S. 10, 11, 50, 51, 65
- Prädikat   S. 63, 82, 93, 99
- Präsens   S. 32, 42
- Präteritum   S. 32, 42
- Personal-
  pronomen   S. 33
- Satzglied   S. 62, 92
- Satzkern   S. 93, 111
- Subjekt   S. 92, 93
- Verb   S. 21, 52, 63
- Wortfamilie   S. 65
- wörtliche Rede   S. 74
- Wortstamm   S. 42

Was ist ein Satzglied?
Was ist ein …

 Stellt euch abwechselnd solche Fragen!
Zur Kontrolle könnt ihr auf den
angegebenen Seiten nachlesen.

> Hast du an den
> Stationen gut gearbeitet?
> Dann bist du topp-fit
> für die 4. Klasse.

> Herzlichen
> Glückwunsch!

Wörterverzeichnis

mit den hundert häufigsten Wörtern

A a

ab, abfahren, auf und ab
aber
der **Abend**, abends
acht
die **Addition**, addieren
das **Adjektiv** (Eigenschafts-
    wort)
ähnlich,
    die Ähnlichkeit
alle, alles
allein
als, größer als
alt, älter, am ältesten
am
an
and(e)re, der and(e)re,
    die and(e)ren oder andern
ändern, die Änderung
der **Anfang**, anfangen
die **Angst**, ängstlich
anreißen, angerissen
der **Apfel**, die Äpfel
der **April**, der Aprilscherz
die **Arbeit**, die Arbeiten,
    arbeiten, du arbeitest,
    er arbeitet, er arbeitete,
    arbeitslos
der **Arbeiter**, die Arbeiter,
die **Arbeiterin**,
    die Arbeiterinnen
der **Arm**, die Arme,
    die Ärmel
der **Artikel** (Begleiter)
der **Arzt**, die Ärzte
die **Ärztin**, die Ärztinnen
der **Ast**, die Äste
auch
auf
aufpassen, ich passe auf,
    du (er) passt auf,
    Passt auf! Pass auf!

der **August**
aus
das **Auto**, die Autos

B b

backen, du bäckst,
    er bäckt, er buk oder
    backte, der Bäcker
das **Bad**, die Bäder,
    baden, du badest,
    er badet, er badete
die **Bahn**, die Bahnen
    bald, bald kommen
der **Balkon**, die Balkons
der **Ball**, die Bälle
die **Bank**, die Bänke
    basteln, ich bastle,
    du bastelst, er bastelt,
    er bastelte, der Bastler
die **Batterie**, die Batterien
    bauen, du baust, er baut
der **Bauer**, die Bauern
die **Bäuerin**, die Bäuerinnen
der **Baum**, die Bäume
die **Beere**, die Beeren
    bei
    beißen, du (er) beißt,
    er biss, sie bissen,
    gebissen, der Biss
    bellen, er bellt
    beobachten,
    du beobachtest,
    er beobachtet,
    er beobachtete,
    die Beobachtung
der **Berg**, die Berge, bergig,
    bergab, der Bergmann
der **Bericht**, berichten,
    du berichtest,
    er berichtet,
    er berichtete

besser, bessere,
    am besten,
    sein bester Freund
bestimmen,
    du bestimmst,
    er bestimmt
besuchen, du besuchst,
    er besucht, der Besuch
der **Betrieb**, die Betriebe
das **Bett**, die Betten
bewegen,
    du bewegst dich,
    er bewegt sich,
    beweglich, die Bewegung
das **Bild**, die Bilder
ich **bin** (Grundform: sein)
binden, du bindest,
    er bindet, er band,
    gebunden, die Binde,
    das Band
die **Birne**, die Birnen
bis, bis morgen
ein **bisschen**
bitten, du bittest,
    er bittet, er bat,
    gebeten, die Bitte
das **Blatt**, die Blätter,
    blättern
blau, blauer Himmel
bleiben, du bleibst,
    du bliebst, er blieb,
    geblieben
blinken, du blinkst,
    er blinkt, er blinkte,
    der Blinker
der **Blitz**, die Blitze,
    blitzen, es blitzt
blühen, die Blume blüht,
    sie blühte, geblüht
die **Blume**, die Blumen
die **Blüte**, die Blüten
der **Boden**, die Böden
böse, ein böser Wolf

brauchen, du brauchst,
er braucht,
du brauchtest
braun, ein brauner Hut
brechen, du brichst,
er bricht, er brach,
gebrochen, der Bruch
breit, breiter,
am breitesten, die Breite
brennen, das Feuer
brennt, es brannte,
gebrannt, der Brand
der **Brief**, die Briefe,
die **Brille**, die Brillen
bringen, du bringst,
er bringt, du brachtest,
gebracht
das **Brot**, die Brote,
die **Brücke**, die Brücken
der **Bruder**, die Brüder
brüllen, du brüllst,
er brüllt, er brüllte,
das Gebrüll
brummen, du brummst,
er brummt, brummig
bunt, ein bunter Rock
die **Burg**, die Burgen
der **Bürgermeister**,
die Bürgermeisterin
der **Bus**, die Busse
die **Butter**, das Butterbrot

C c

der **Cent**
das **Chamäleon**
der **Chor**, die Chöre
das **Christkind**,
der Christbaum
der **Clown**, die Clowns
der **Computer**
der **Cowboy**, die Cowboys

D d

da
dabei, ich war dabei
das **Dach**, die Dächer
der **Dackel**
dämmern, es dämmert,
die Dämmerung
der **Dampf**, die Dämpfe,
dampfen
danken, du dankst,
du danktest, er dankte,
gedankt, der Dank
dann
daran, darin, darüber
darum
das, das Buch
dass; ich glaube, dass …
das **Datum**, die Daten
dauern, es dauert lange
decken, du deckst,
er deckt, die Decke,
der Deckel
denken, du denkst,
er denkt, du dachtest,
er dachte, gedacht
denn
der, des, dem, den
deutsch,
die deutsche Sprache,
er spricht Deutsch
der **Dezember**
dick, dicker, am dicksten
die
der **Dienstag**, dienstags
dies, diese, dieser, dieses
dir, ich helfe dir
die **Division**, dividieren
doch
donnern, es donnert,
der Donner
der **Donnerstag**,
donnerstags
das **Dorf**, die Dörfer
dort, dorthin
draußen
drehen, du drehst,
er dreht

drei, die Drei
das **Dreieck**
drücken, du drückst,
er drückt, der Drücker,
der Druck
du
dunkel, ein dunkler
Raum
dünn, dünner Stoff
durch, durcheinander
dürfen, du darfst,
er darf, ihr dürft,
du durftest, er durfte

E e

die **Ecke**, die Ecken, eckig
das **Eichhörnchen**
ein, einer, eine, eines,
einem, einen
einige, einige Menschen
einmal, noch einmal
eins
einzeln, einzelnen
das **Eis**, der Eisbecher,
der Eisberg
die **Eltern**
das **Ende**, zu Ende, endlich
eng, ein enger Rock
die **Ente**, die Enten
er
erklären, du erklärst,
er erklärte,
die Erklärung
die **Ernte**, ernten, ich ernte,
du erntest, er erntet,
er erntete, geerntet
erste, sein erster Satz
erzählen, du erzählst,
er erzählt, die Erzählung
es
essen, du (er) isst, er aß,
gegessen, das Essen
etwas, etwas anderes
euer, eu(e)re Aufgabe
die **Eule**, die Eulen
der **Euro**

F f

die **Fahne**, die Fahnen
fahren, du fährst,
er fährt, er fuhr,
der Fahrer, das Fahrrad,
die Fahrt
fallen, du fällst, er fällt,
er fiel, der Fall, die Falle
falsch, ein falsches Wort
fangen, du fängst,
er fängt, er fing,
gefangen, der Fang
fassen, du (er) fasst,
er fasste
fast (beinahe)
der **Februar**
fehlen, du fehlst,
er fehlt, gefehlt,
der Fehler
die **Feier**, die Feiern, feiern,
du feierst, er feiert
das **Feld**, die Felder
das **Fenster**, die Fenster
die **Ferien**
fertig
fest, festes Garn
das **Fest**, die Feste
fett, fettig, das Fett
das **Feuer**, die Feuer, feuern
der **Film**, die Filme
finden, du findest,
er fand, gefunden,
der Finder, der Fund
der **Fisch**, die Fische,
der Fischer
flach, das flache Land,
die Fläche, die Flächen
die **Flasche**, die Flaschen
das **Fleisch**, der Fleischer
der **Fleiß**, fleißig
fliegen, du fliegst,
er fliegt, er flog,
geflogen, die Fliege
fließen, er fließt,
er floss, der Fluss
der **Flug**, das Flugzeug
der **Flur**

die **Folie**, die Folien
fort, er geht fort
fragen, du fragst,
er fragt, er fragte,
gefragt, die Frage
die **Frau**, die Frauen
frei, ein freier Platz
der **Freitag**, freitags
fressen, du (er) frisst,
er fraß, das Fressen
sich **freuen**, du freust dich,
er freut sich,
die Freude, freudig
der **Freund**, die Freunde,
die Freundin,
die Freundschaft,
freundlich
der **Frieden**, friedlich,
zufrieden sein
frieren, du frierst,
er friert, du frorst,
er fror, gefroren
frisch, frisches Obst
der **Friseur**, die Friseurin
froh, ein frohes Fest,
fröhlich
früh, früher, der Frühling
der **Fuchs**, die Füchse
führen, du führst,
er führt, er führte
fünf
für
fürchten, du fürchtest,
er fürchtet, die Furcht
der **Fuß**, die Füße
das **Futter**, füttern,
du fütterst, er füttert,
du füttertest, er fütterte

G g

die **Gans**, die Gänse
ganz, ein ganzer Tag
die **Garage**
gar nicht
der **Garten**, die Gärten,
der Gärtner

das **Gas**, die Gase
geben, du gibst, er gibt,
ihr gebt, du gabst,
er gab, gegeben,
Gib! Gebt!
der **Geburtstag**,
die Geburtstagsfeier
gefallen, du gefällst,
er gefällt, du gefielst,
er gefiel
gegen
gehen, du gehst,
er geht, du gingst,
er ging, gegangen
gelb, gelbes Papier
das **Geld**
das **Gemüse**
gemütlich
genau
genug, genügend
gerade, geradeaus,
die Gerade
das **Geschäft**,
die Geschäfte
das **Geschirr**
gestern, gestern Abend,
gestern früh
gesund, die Gesundheit
gewesen,
er ist bei mir gewesen
gewinnen, du gewinnst,
er gewinnt, er gewann,
gewonnen, der Gewinn,
der Gewinner
das **Gewitter**, die Gewitter,
es gewittert
das **Gewürz**, die Gewürze
gießen, du (er) gießt,
er goss, der Guss,
die Güsse
glänzen, er glänzt,
der Glanz
das **Glas**, die Gläser,
der Glaser
glatt, die Glätte,
glätten
glühen, der Ofen glüht
das **Gras**, die Gräser

gratulieren,
du gratulierst,
er gratuliert,
du gratuliertest,
er gratulierte
grau, ein grauer Mantel
groß, größer,
am größten, die Größe
grün, grünes Gras
die **Gruppe,** die Gruppen
der **Gruß,** die Grüße,
grüßen, du (er) grüßt,
gegrüßt
die **Gurke,** die Gurken
gut, besser, am besten,
ein guter Schüler

H h

das **Haar,** die Haare
haben, ich habe, du hast,
er hat, du hattest,
er hatte, sie hatten,
ihr hattet, gehabt
halb, ein halber Apfel,
die Hälfte
der **Hals,** die Hälse
halten, du hältst,
er hält, du hielt(e)st,
er hielt, gehalten,
der Halter
die **Hand,** die Hände
hängen, du hängst,
er hängt, er hing,
gehangen
hart, härter,
am härtesten
der **Hase,** die Hasen
das **Haus,** die Häuser,
heben, du hebst,
er hebt, du hobst,
er hob, gehoben
das **Heft,** die Hefte
die **Heimat,** der Heimatort
heiß, heißes Wasser
heißen, ich heiße,
du heißt, er heißt, er hieß

heizen, du heizt,
er heizte, die Heizung
helfen, ich helfe,
du hilfst, er hilft, ihr helft,
er half, geholfen,
der Helfer, die Hilfe
hell, helles Licht
her, herauf, herein,
herüber, herunter
der **Herbst,** herbstlich
der **Herd,** die Herde
der **Herr,** die Herren,
herrlich
das **Herz,** die Herzen,
herzlich
heute, heute Morgen,
heute Abend, heute früh
hier
der **Himmel**
hin, hinaus, hinein,
hinüber, hinunter
hinten, hinten stehen
hinter, hinter dem Haus
der **Hirsch,** die Hirsche
hoch, höher,
am höchsten, die Höhe,
ein hoher Berg
hohl, ein hohler Zahn,
die Höhle
holen, du holst, er holt
das **Holz,** die Hölzer, holzig
hören, du hörst,
er hört
das **Huhn,** die Hühner
der **Hund,** die Hunde
hungern, du hungerst,
er hungert, der Hunger
hüpfen, du hüpfst,
er hüpft, du hüpftest,
er hüpfte, gehüpft

I i

ich
der **Igel,** die Igel
ihm, ihm helfen
ihn, ihn sehen

ihnen,
ihnen etwas geben
ihr, ihres, ihrem, ihren
ihre, ihrer
im
immer
in
innen, innen und außen
ist, er ist da (Grundform:
sein), *aber:* er isst
(Grundform: essen)

J j

die **Jacke,** die Jacken
jagen, du jagst, er jagt,
aber: die Jagd, der Jäger
das **Jahr,** die Jahre
der **Januar**
jetzt
der **Juli**
jung, jünger, am jüngsten
der **Junge,** die Jungen
der **Juni**

K k

der **Kaffee**
der **Kakao**
kalt, kälter, am kältesten,
die Kälte
der **Kamm,** die Kämme,
kämmen, du kämmst
dich, er kämmt sich
der **Kanal,** die Kanäle
die **Kanne,** die Kannen
die **Karte,** die Karten
die **Kartoffel,**
die Kartoffelernte
der **Käse**
die **Kasse,** die Kassen,
kassieren
die **Kassette,** die Kassetten
der **Kasten,** die Kästen oder
Kasten
die **Katze,** die Katzen

der **Keller**, die Keller
kennen, du kennst,
er kennt, du kanntest,
er kannte, gekannt
die **Kette**, die Ketten
das **Kind**, die Kinder
das **Kino**, die Kinos
kippen, du kippst,
der Kipper. kipplig
die **Kirsche**, die Kirschen
die **Klasse**, die Klassen
der **Kleber**, kleben, geklebt
das **Kleid**, die Kleider
klein, kleiner,
am kleinsten, der Kleine
klettern, ich klettere,
du kletterst, er klettert,
du klettertest, er kletterte
klopfen, du klopfst,
er klopft
klug, klüger,
am klügsten,
kluge Gedanken
die **Knolle**, die Knollen
der **Koffer**, die Koffer
kommen, du kommst,
er kommt, du kamst,
er kam, gekommen
können, du kannst,
er kann, du konntest,
du könntest, er konnte,
gekonnt
der **Kopf**, die Köpfe
der **Korb**, die Körbe
die **Kraft**, die Kräfte, kräftig
die **Krähe**, die Krähen
der **Kran**, die Krane oder
Kräne
krank, der Kranke
der **Kreis**, die Kreise
die **Küche**, die Küchen
der **Kuchen**, die Kuchen
die **Kuh**, die Kühe
kühl, kühlen, der Kühler
kurz, kürzer,
am kürzesten, kürzen,
die Kürze

L l

lachen, du lachst, er lacht
die **Lampe**, die Lampen
lang, länger,
am längsten, die Länge,
langsam
lassen, du (er) lässt,
er ließ, gelassen
laufen, du läufst,
er läuft, er lief, gelaufen,
der Lauf, der Läufer
leben, du lebst, er lebt,
er lebte, das Leben,
lebendig
lecken, du leckst,
er leckt, lecker
leer, ein leerer Bus
legen, du legst, er legt
der **Lehrer**, die Lehrer
die **Lehrerin**,
die Lehrerinnen
leicht, leichter,
am leichtesten
das **Leinen** (Stoff)
leise, leise sprechen
lernen, du lernst,
er lernt
lesen, du (er) liest,
er las, gelesen
letzte, zuletzt
leuchten, leuchtet,
der Leuchter, das Licht
die **Leute**
das **Licht**, die Lichter
lieben, du liebst, er liebt,
am liebsten, die Liebe
das **Lied**, die Lieder
liefern, ich liefere,
du lieferst, er liefert,
die Lieferung
liegen, du liegst, er liegt,
du lagst, er lag, gelegen,
die Liege
links, die linke Hand
das **Loch**, die Löcher,
löchrig
der **Löffel**, die Löffel

lösen, du (er) löst,
er löste, die Lösung
die **Luft**, luftig
lustig, die Lust

M m

machen, du machst,
er macht
das **Mädchen**, die Mädchen
der **Mai**, das Maiglöckchen
malen, du malst, er malt
der Maler, ein Bild malen,
aber: Kaffee ma<u>hl</u>en
man
manche, mancher,
manchmal
der **Mann**, die Männer
der **Mantel**, die Mäntel
die **Mark**, vier Mark
die **Marke**, die Marken
der **Markt**, die Märkte
der **März**,
der März(en)becher
die **Maschine**,
die Maschinen
die **Maus**, die Mäuse
das **Meer**, die Meere
mehr, mehrere,
die Mehrzahl
mein, meine
meist, das meiste,
meistens
die **Menge**, die Mengen
der **Mensch**, die Menschen
merken, du merkst,
er merkt
messen, du (er) misst,
er maß, gemessen,
Messt! Miss!
die Messlatte
das **Messer**, die Messer
mich
die **Miete**
die **Milch**
mir, das Buch
gehört mir

mit
die **Mitte**, in der Mitte
der **Mittwoch**, mittwochs
  möchte, du möchtest,
  wir möchten
der **Monat**, die Monate
der **Montag**, montags
die **Montage**, montieren
das **Moos**, die Moose
  morgen, morgens,
  morgen Abend,
  morgen früh,
  der Morgen, am Morgen
die **Mühle**, die Mühlen
der **Müll**
die **Multiplikation**,
  multiplizieren
die **Musik**
  müssen, du musst,
  er muss, du musstest,
  du müsstest, er musste
die **Mütze**, die Mützen

N n

nach, nach Haus(e)
nächste, das nächste Mal
die **Nacht**, die Nächte,
  nachts
  nähen, du nähst, er näht,
  er nähte, die Naht
der **Name** oder Namen,
  die Namen
  nass, nasses Gras,
  die Nässe
  neben, nebeneinander
  nehmen, du nimmst,
  er nimmt, du nahmst,
  er nahm, genommen
  nennen, du nennst,
  er nennt, du nanntest,
  er nannte
  nicht, gar nicht, nichts,
  niemand
  noch
das **Nomen**
der **November**

nun
nur
die **Nuss**, die Nüsse

O o

das **Obst**,
  oder
  offen, ein offenes Fenster
  öffnen, du öffnest,
  er öffnet, der Öffner,
  die Öffnung
  oft, oftmals
  ohne, ohne mich,
  ohne dich, ohne ihn,
  ohne sie
das **Ohr**, die Ohren
der **Oktober**
der **Onkel**, die Onkel
der **Ort**, die Orte

P p

paar (einige),
  ein paar Kühe
das **Paar**, ein Paar Schuhe
  (zwei zusammen-
  gehörende Schuhe)
  packen, du packst,
  er packt, das Päckchen,
  aber: das Paket
das **Papier**, die Papiere
die **Pappe**, die Pappen
  passen, er (es) passt,
  aufpassen
  passieren, es passiert,
  es passierte
das **Pferd**, die Pferde
  pflanzen, du (er) pflanzt,
  die Pflanze,
  das Pflanzloch
  pflegen, du pflegst,
  er pflegt, die Pflege
  pflücken, du pflückst,
  er pflückt
die **Pfütze**, die Pfützen

der **Pilz**, die Pilze
der **Plan**, die Pläne
der **Platz**, die Plätze
die **Polizei,** der Polizist,
  die Polizisten
das **Prädikat** (Satzaussage)
  prüfen, du prüfst,
  er prüft, die Prüfung
der **Punkt**, die Punkte,
  pünktlich
die **Puppe**, die Puppen
  putzen, du (er) putzt
die **Pyramide**,
  die Pyramiden

Q q

der **Quader**, die Quader
das **Quadrat**, die Quadrate
die **Qualle**, die Quallen
der **Quark**, die Quarktorte
die **Quelle**, die Quellen,
  quellen
  quer, überqueren
der **Quirl**, die Quirle, quirlen

R r

das **Rad**, die Räder,
  das Fahrrad
der **Radiergummi**
das **Radio,** die Radios
der **Raum**, die Räume,
  räumen
  rechnen, du rechnest,
  er rechnet, er rechnete,
  die Rechnung
  rechts, die rechte Seite,
  das Rechteck
das **Regal**, die Regale
der **Regen**, es regnet
das **Reh**, die Rehe,
  das Rehkitz
die **Reihe**, die Reihen
die **Reise**, reisen,
  du (er) reist, er reiste

reißen, du (er) reißt,
er riss, sie rissen,
gerissen, der Riss
der **Rekorder**, die Rekorder
rennen, du rennst,
er rennt, du ranntest,
er rannte, gerannt,
das Rennen,
der Rennfahrer
reparieren,
du reparierst,
er repariert,
er reparierte,
die Reparatur,
die Reparaturen
richtig, richtig rechnen
riechen, ich rieche, du
riechst, er riecht, er roch
das **Rind**, die Rinder
der **Ring**, die Ringe
der **Riss**, die Risse, rissig
der **Rock**, die Röcke
rollen, du rollst, er rollt,
die Rolle, der Roller,
rollern
rot, ein roter Ball
der **Rücken**, die Rücken,
rückwärts
rufen, du rufst, er rief
rund, ein runder Tisch

S s

der **Saal**, die Säle
die **Sache**, die Sachen
der **Saft**, saftig
das **Salz**, salzen, salzig
sammeln, du sammelst,
er sammelt,
du sammeltest,
er sammelte,
der Sammler,
die Sammlung
der **Sand**, die Sande,
sandig, der Sandstein
satt, ich esse mich satt
der **Satz**, die Sätze

sauer,
saure Heringe
die **Schablone**,
die Schablonen
schaffen, du schaffst,
er schafft, der Schaffner
der **Schalter**, die Schalter,
schalten, du schaltest,
er schaltet, er schaltete
das **Scharnier**,
die Scharniere
schauen, du schaust,
er schaut
die **Schaukel**, die Schaukeln
scheinen,
die Sonne scheint,
sie schien, geschienen
schenken, du schenkst,
er schenkt, das Geschenk
die **Schere**, die Scheren
der **Scherz**, scherzen,
er scherzt, du scherzt,
er scherzte
schicken, du schickst
schieben, du schiebst,
er schiebt, er schob,
geschoben
das **Schiff**, die Schiffe,
der Schiffer
das **Schild**, die Schilder
schlafen, du schläfst,
er schläft, er schlief,
der Schlaf
schlagen, du schlägst,
er schlägt, er schlug,
der Schlag
schlecht,
schlechtes Wetter
schließen, du (er)
schließt, geschlossen
schlimm, schlimmer,
am schlimmsten
der **Schlitten**, die Schlitten
schlittern, du schlitterst,
er schlittert, er schlitterte
der **Schlittschuh**,
die Schlittschuhe
der **Schlüssel**, die Schlüssel

schmal,
ein schmaler Weg
schmecken,
er schmeckt,
er schmeckte,
geschmeckt
der **Schmerz**,
die Schmerzen,
es schmerzt,
es schmerzte
schmücken,
du schmückst,
er schmückt,
du schmücktest,
er schmückte,
der Schmuck
der **Schmutz**, schmutzig,
beschmutzen
der **Schnee**, der Schneemann
schneiden,
du schneidest,
er schneidet, du schnittst,
er schnitt, geschnitten,
der Schnitt
schneien, es schneit,
es schneite, geschneit
schnell, schneller,
am schnellsten
schon
der **Schrank**, die Schränke
schreiben, du schreibst,
er schreibt, du schriebst,
er schrieb, geschrieben,
der Schreiber
schreien, du schreist,
er schreit, du schriest,
er schrie, geschrie(e)n,
der Schrei
die **Schrift**, die Schriften
der **Schuh**, die Schuhe
die **Schürze**, die Schürzen
die **Schüssel**, die Schüsseln
schütteln, du schüttelst,
er schüttelt,
du schütteltest,
er schüttelte
schwach, schwächer,
am schwächsten

der **Schwanz**, die Schwänze
schwarz, schwarzer Tee
das **Schwein**, die Schweine
schwer, schwerer,
am schwersten
die **Schwester**,
die Schwestern
schwierig, schwieriger,
am schwierigsten
schwimmen,
du schwimmst,
er schwimmt,
er schwamm,
geschwommen,
der Schwimmer
sechs
der **See**, die Seen; die See:
die Ostsee, die Nordsee
sehen, du siehst,
er sieht, du sahst, er sah,
gesehen
sehr, sehr gut
sein, ich bin, du bist,
er ist, wir sind, ihr seid,
sie sind, du warst, er war,
gewesen
seine, seiner
seit, seit gestern
selbst, selber,
am selben Tag
senden, du sendest,
er sendet, er sendete,
gesandt oder gesendet,
die Sendung, der Sender,
der Absender
der **September**
der **Sessel**, die Sessel
setzen, du setzt dich,
er setzt sich
sich
sie
sieben
sind, alle sind da
singen, du singst,
er singt, er sang,
gesungen
sitzen, du (er) sitzt,
er saß, gesessen, der Sitz

die **Skizze**, die Skizzen
so
die **Socke** oder der Socken,
die Socken
sofort
sollen, du sollst, er soll,
er sollte
der **Sommer**, sommerlich
der **Sonnabend**, sonnabends
die **Sonne**, sich sonnen,
sonnig
der **Sonntag**, sonntags
sortieren, du sortierst,
er sortiert, er sortierte
sparen, du sparst,
er spart
der **Spaß**, die Späße, spaßig
spät, später, spätestens
spazieren, du spazierst,
er spaziert,
er geht spazieren,
der Spaziergang
der **Specht**, die Spechte
sperren, du sperrst,
er sperrt, die Sperre
das **Spiel**, die Spiele, spielen,
du spielst, er spielt
spitz, spitzer,
am spitzesten, die Spitze,
den Stift spitzen
sprechen, du sprichst,
er spricht, er sprach,
gesprochen, der Sprecher
springen, du springst,
er springt, er sprang
der **Springer**, der Sprung
spritzen, du (er) spritzt,
gespritzt, die Spritze
sprühen, ich sprühe,
du sprühst, er sprüht,
der Sprüher
spülen, du spülst, er
spült, er spülte, die Spüle
die **Stadt**, die Städte
der **Stall**, die Ställe
der **Stamm**, die Stämme
stark, stärker,
am stärksten

der **Staub**, staubig
stecken, du steckst,
er steckt, er steckte,
der Stecker
stehen, du stehst, er
steht, er stand, gestanden
der **Stein**, die Steine, steinig
stellen, du stellst, er
stellt, er stellte, die Stelle
der **Stern**, die Sterne
der **Stiel**, die Stiele,
der Besenstiel
der **Stift**, die Stifte
still, ein stilles Haus
der **Stock**, die Stöcke
stoßen, du (er) stößt,
er stieß, gestoßen,
der Stoß
der **Strahl**, die Strahlen
die **Straße**, die Straßen
die **Strecke**, die Strecken
streuen, du streust,
er streut, er streute,
gestreut
das **Stück**, die Stücke
der **Stuhl**, die Stühle
die **Stunde**, die Stunden
stürzen, du (er) stürzt,
der Sturz
stützen, ich stütze, du
stützt, er stützt, die Stütze
das **Substantiv**
(Namenwort/Nomen)
das **Subjekt**
(Satzgegenstand)
die **Subtraktion**,
subtrahieren
summen, du summst,
er summt, er summte
die **Suppe**, die Suppen
süß, süße Milch,
süßer Tee

T t

die **Tafel**, die Tafeln
der **Tag**, die Tage

die **Tante**, die Tanten
tanzen, du (er) tanzt,
der **Tänzer**, die Tänzerin
die **Tasse**, dieTassen
der **Tee**
der **Teer**, die Teerstraße
der **Teller**, die Teller
das **Theater**, die Theater
tief, tiefer, am tiefsten,
die Tiefe
das **Tier**, die Tiere
der **Tisch**, die Tische
der **Topf**, die Töpfe
tragen, du trägst,
du trugst, er trug,
getragen, der Träger
das **Trapez**, die Trapeze
traurig,
eine traurige Nachricht
treffen, ich treffe,
du triffst, er trifft,
du trafst, er traf,
getroffen, der Treffer
trennen, ich trenne,
du trennst, er trennt,
er trennte, die Trennung
die **Treppe**, die Treppen
treten, ich trete,
du trittst, er tritt, er trat,
getreten; Tretet ein!
trinken, du trinkst,
er trinkt, er trank,
getrunken
trocken, trocknen,
du trocknest, er trocknet,
er trocknete
trotzdem
das **Tuch**, die Tücher
tüchtig,
ein tüchtiges Kind
tun, ich tue, du tust,
er tut, er tat, getan, eine
gute Tat
turnen, du turnst,
er turnt, geturnt
die **Tüte**, die Tüten

U u

üben, du übst, geübt,
die Übung
über
die **Uhr**, die Uhren, Uhrzeit
um
und
uns, unser, unsere Klasse
unten, unter
der **Urwald**, die Urzeit

V v

vergessen,
du (er) vergisst,
er vergaß;
Vergesst! Vergiss!
der **Verkehr**,
die Verkehrsteilnehmer
verlieren, du verlierst,
er verliert, er verlor,
verloren
verraten, du verrätst,
er verrät, er verriet,
der Verräter
verreisen,
du (er) verreist
das **Vieh**
viel, vielleicht, vielmals,
zu viele Menschen
vier, das Viereck, vierzig
der **Vogel**, die Vögel
das **Volk**, die Völker,
das Volkslied
voll, ein voller Schrank
vom
von
vor, vorbei,
er ging vorbei, vorher,
vorher fragen, vorüber
vorn, vorn sitzen

W w

wachen, du wachst,
er wacht, er wachte,
der Wächter
die **Wahl**, die Wahlen,
der Wähler, wählen,
du wählst, er wählt
wahr, die Wahrheit
der **Wald**, die Wälder
die **Wand**, die Wände
wandern, du wanderst,
er wandert,
er wanderte,
die Wanderung
wann; Wann kommst du?
die **Wanne**, die Wannen
war (Grundform: sein)
warm, wärmer,
am wärmsten
die **Wärme**, wärmen
warten, du wartest,
er wartete
was
waschen, du wäschst,
er wäscht, er wusch,
die Wäsche
das **Wasser**, wässrig
wecken, du weckst,
er weckt, der Wecker
der **Weg**, die Wege
weg, wegbringen
wehen, der Wind weht
weich, weicher Stoff
Weihnachten,
der Weihnachtsbaum
weiß, weißes Haar
weit, weiter,
am weitesten, die Weite
welche, welcher,
welches
wenig, wenige, weniger
wenn
werden, ich werde,
du wirst, er wird,
ihr werdet, du wurdest,
er wurde, wir wurden,
ihr wurdet, geworden

werfen, du wirfst, er wirft,
er warf, geworfen,
der Wurf

das **Werk**, die Werke,
der Werkstoff,
das Werkzeug,
das Werkstück

das **Wetter**

wie

wieder, er kommt wieder

die **Wiese**, die Wiesen

wild, wilde Tiere

das **Wildschwein**,
die Wildschweine

der **Wind**, die Winde, windig

der **Winkel**, die Winkel

der **Winter**, winterlich

wir

wischen, du wischst,
er wischt

wissen, du weißt,
er weiß, ihr wisst,
er wusste, gewusst

wittern, ich wittere,
er wittert, er witterte,
die Witterung

wo

die **Woche**, die Wochen

wohnen, du wohnst,
er wohnt, die Wohnung

die **Wolke**, die Wolken,
wolkig

die **Wolle**, wollig

wollen, du willst, er will,
du wolltest, er wollte,
gewollt

das **Wort**, die Worte,
die Wörter

wühlen, du wühlst,
er wühlt

wünschen, du wünschst,
er wünscht, der Wunsch

der **Würfel**, die Würfel

die **Wurst**, die Würste

die **Wurzel**, die Wurzeln

X x

das **Xylophon**

Y y

das **Ypsilon**

Yvonne

Z z

die **Zahl,** die Zahlen, zahlen,
zählen, du zählst, er zählt

der **Zahn**, die Zähne

der **Zaun**, die Zäune

zehn

zeichnen, du zeichnest,
er zeichnet, er zeichnete,
der Zeichner,
die Zeichnung

zeigen, du zeigst,
er zeigt, der Zeiger

die **Zeit**, die Uhrzeit

die **Zeitung**, die Zeitungen

ziehen, du ziehst,
er zieht, du zogst,
er zog, gezogen

das **Ziel**, die Ziele

zielen, du zielst,
er zielt

ziemlich

das **Zimmer**, die Zimmer

zittern, ich zittere,
du zitterst, er zittert,
er zitterte

der **Zoo**, die Zoos

der **Zucker**

zu

zuerst, er war zuerst da

der **Zug**, die Züge

zuletzt

zum, zur

zurück, er kommt zurück

zusammen,
zusammen verreisen

zwei

der **Zweig**, die Zweige

der **Zwerg**, die Zwerge

die **Zwiebel**, die Zwiebeln

zwischen

der **Zylinder**, die Zylinder

Kapitel	Sprechen und Zuhören	Schreiben/ Texte verfassen
In der Schule Seite 7 – 18	Bild und Gedicht als Erzählanlass: Ferienerinnerungen im Gesprächskreis austauschen • Freude auf das neue Schuljahr wecken • Gespräch über Vorhaben im neuen Schuljahr führen • über Gesprächsführung reden: Wünsche äußern, Fragen stellen, mögliche Probleme der Gesprächsführung beschreiben • Gesprächsregeln für die eigene Klasse besprechen, auswählen, aushängen und anwenden • Alphabet-Spiele	Wünsche zum neuen Schuljahr aufschreiben: Gesprächsregeln notieren • mit Sammelwörtern arbeiten • Oberbegriffe finden • Geheimschrift entschlüsseln und selbst eine geheime Botschaft schreiben
Im Herbst Seite 19 – 30	Bild und Gedicht als Erzählanlass: Herbsterlebnisse und Drachengeschichte erzählen • Herbstgedicht • über den Herbst (speziell: Wind) sprechen • Windwörter erklären • Stimmführung entsprechend der Satzart üben • ein Apfelfest im Gespräch planen	Textmuster zum Erzählen • eine Reizwortgeschichte zu Windwörtern schreiben • Arbeitsplan für ein Apfelfest erstellen • eine Spielanleitung schreiben (Apfel-Wettspiel), mit Sammelwörtern arbeiten • ein Apfel-Elfchen schreiben • Bastelanleitung (Apfelmännchen): Teilhandlungen ordnen
Miteinander leben Seite 31 – 38	Bild und Gedicht als Sprechanlass: über zwischenmenschliche Beziehungen in Familie, Schule und Freizeit sprechen • eine Geschichte nacherzählen • Meinung zu Personen äußern • Freundschaftsgeschichte lesen und besprechen • gemeinsam eine (Redestab-) Fortsetzungsgeschichte erzählen • Reizwortgeschichten (Drei-Wörter-Geschichten) erzählen	Eine Person beschreiben und einschätzen • Gliederung einer Geschichte erkennen und in der eigenen Geschichte anwenden (Freundschaftsgeschichten)
Märchenzeit Seite 39 – 46	Bild und Gedicht als Sprech- und Erzählanlass: unterschiedliche und bevorzugte Möglichkeiten der Märchenaufnahme (u. a. über Medien) besprechen • Meinung über Märchen äußern • Märchen (Hase und Igel) ausdrucksvoll vorlesen, mit verteilten Rollen lesen • zur Bildfolge einen Schluss erfinden • das ganze Märchen nacherzählen • Spielvorbereitungen besprechen • darstellendes Spiel nach literarischer Vorlage entwickeln, erproben und durchführen • Sprache, Gestik und Mimik rollenmäßig einsetzen	Vorbereitungsplan für darstellendes Spiel (Märchen) schreiben • Wunschprogramm für einen Märchentag zusammenstellen • ein Märchen umschreiben
Im Winter Seite 47 – 58	Bild und Liedanfang als Sprechanlass: vorweihnachtliche Tätigkeiten besprechen • Meinungen zum Schenken äußern • Tätigkeitsbeschreibung (Schmuckdose basteln), Sammelwörter verwenden • vom Weihnachtsabend erzählen • über Bräuche um Weihnachten und Neujahr sprechen • Bild als Sprechanlass nutzen: Gespräch zwischen den Tieren ausdenken und spielen • fallrichtiges Sprechen • Vorsätze zum neuen Jahr formulieren • Kostümideen zum Fasching nennen und sich in seiner Rolle vorstellen	Ein Weihnachtserlebnis aufschreiben • die Erlebniserzählung beurteilen• eine Glücksbringerkarte schreiben • Lückentext einer Tätigkeitsbeschreibung (Kostümanfertigung) ergänzen • eine Einladung zum Faschingsfest beurteilen und selbst schreiben
Was mir gut tut Seite 59 – 70	Bild und Gedicht als Sprechanlass nutzen: über einen Lieblingsplatz und Gefühle sprechen, dabei Meinungen äußern und begründen • Gespräch über einen selbst geschriebenen Text führen (Schreibkonferenz anbahnen) • Textformulierungen beurteilen • über Lieblingssport sprechen • Zungenbrecher deutlich und schnell sprechen • Zeitungsanzeigen lesen, eigene Anzeigen vorstellen und beurteilen	Ich-Text schreiben • eine angefangene Geschichte beenden und eine Schreibkonferenz zur Textüberarbeitung anbahnen • Geheimschrift entschlüsseln • Reizwortgeschichte schreiben • Zeitungsanzeige entwerfen

Rechtschreiben	Sprache und Sprachgebrauch untersuchen	Projekte / Fächerübergreifende Ideen
Großschreibung: Nomen, zusammengesetzte Nomen, Abstrakta (Einführung), Satzanfang • Alphabet festigen: Alphabet-Leporello, Spiele, Reime • Wörterverzeichnis/-buch nutzen: alphabetisch ordnen nach 2. und 3. Buchstaben, Wörter mit Umlaut auffinden, Bilderrätsel, Spiele • Wörter mit *b, g* in der Wortmitte und am Wortende /mit dem Grundwortschatz arbeiten: Wortverlängerung: Nomen im Plural, Adjektive • Wortstamm • Lernstrategien: Ordnen in der Wörterkiste • Diktierabschnitte	Satzgrenzen erkennen • Abstrakta einführen • Nomen und Abstrakta am Artikel erkennen • Nomen in Singular und Plural • zusammengesetzte Nomen bilden und erkennen (Einführung: Bestimmungswort / Grundwort) • Großschreibung von Nomen und Satzanfängen	Geheimschrift • Bewegungsspiele und andere Spiele zum Alphabet • Bilderrätsel • (weiterer Vorschlag: Lieder zum Alphabet)
Wörter mit *d, t* in der Wortmitte und am Wortende /mit dem Grundwortschatz arbeiten: Sicherung der Wortbedeutung durch Satzbildung • Reime • Wortfamilie • Wortstamm • Wortverlängerung: Nomen in Singular und Plural • zusammengesetzte Nomen • Nomen alphabetisch ordnen • Adjektive vor Nomen • Lernstrategie (Tipp): Berichtigung bei grammatischem Fehler • Übungsmöglichkeiten mit der Wörterkiste	Adjektive erkennen und verwenden • Satzarten unterscheiden: Zeichensetzung am Satzende • zusammengesetzte Nomen (Grundwort / Bestimmungswort) bilden • Nomen nach Artikel ordnen (Singular und Plural) • Einführung: gebeugte Formen /Personalformen von Verben unterscheiden • Anbahnen: Verbformen im Imperativ	Apfelfest planen, vorbereiten und feiern: Rezeptbüchlein anlegen und Rezepte ausprobieren, mit Äpfeln basteln, Tipp /Kinderbuch: Rainer Kirsch „Der Wind ist aus Luft" • (weitere Vorschläge: Windräder basteln und erproben; Apfelspiele ausdenken)
Wörter mit *ch, sch* in der Wortmitte und am Wortende/mit dem Grundwortschatz arbeiten: Wortfamilie • Wortstamm • Anwendung im Satz • zusammengesetzte Nomen • Adjektive Nomen zuordnen • Lernstrategie: „Joker-Wort" im Übungstext einführen	Einführung: Präsens und Präteritum erfassen (schwach konjugierte Verben) • Wortwahl eines Textes beurteilen • Personalpronomen als Stellvertreter von Nomen einführen und verwenden	Personenbeschreibung als Zeichnung • Pantomime (Ideenkarten) • Tipp /Kinderbücher: Frauke Nahrgang „Lene und Peter packen aus"; Anja Tuckermann „Ein Buch für Yunus" • (weitere Vorschläge: Lieder aus anderen Ländern hören und singen; Freundschafts- und Klassenfotos herstellen und sammeln)
Wörter mit *ng, nk* /mit dem Grundwortschatz arbeiten: Silbentrennung • abgeleitete und zusammengesetzte Verben • Wortbedeutung sichern durch Satzbildung • Wortfamilie • Übungsdiktat	Präsens und Präteritum erfassen und verwenden (auch stark und unregelmäßig konjugierte Verben erkennen, verwenden und nachschlagen) • Wortbildung: abgeleitete und zusammengesetzte Verben • Anbahnen: wörtliche Rede erkennen	Märchenprojekt: Märchen aufführen (Theater spielen), Märchenfiguren aus Kartoffeln für ein Puppenspiel basteln, Märchen umschreiben (modernes Märchen) • (weitere Vorschläge: Märchen raten; andere Märchen lesen und vorstellen; Märchenlieder singen)
Wörter mit doppelten Konsonanten /mit dem Grundwortschatz arbeiten: Geheimschrift • sprechen, hören, unterscheiden und kennzeichnen von kurzen/langen Vokalen zum Festigen der Regel • Silbentrennung • Verben im Präteritum • konjugierte Verben • zusammengesetzte Nomen • Wortstamm • Wortfamilie • Wortpaare: kurzer / langer Vokal • Reimwörter • Lernstrategie (Tipp): Fragediktat zur Anbahnung eines Rechtschreibgesprächs	Fallrichtiges Sprechen/Schreiben anbahnen: Formveränderungen (Fälle) der Nomen erkennen • Einführung: Wer/Was-Fall, Wem-Fall und Wen/Was-Fall als Ergänzungen des Verbs erfragen und anwenden • Anbahnen: zweiteilige Verbformen (Perfekt, Futur) • das Präteritum verwenden • abgeleitete und zusammengesetzte Verben bilden	Weihnachtsgeschenke basteln, z. B. eine Schmuckdose • Weihnachts- und Silvesterbräuche verschiedener Länder erkunden und vorstellen • Faschingskostüme anfertigen • Gesichter schminken • (weitere Vorschläge: Weihnachtslieder hören und singen; Weihnachtsgedichte schreiben, lesen, lernen, aufsagen)
Rechtschreibgespräch in Schreibkonferenz anbahnen • Wörter mit *ck, tz* /mit dem Grundwortschatz arbeiten: Festigen der Regel (kurzer Vokal bei *ck, tz*) • Silbentrennung von Verben (auch konjugierter Verben) • Silbentrennung der Nomen (auch Singular / Plural) • Geheimschrift • zusammengesetzte Nomen (Wortbrücke) • Adjektive vor Nomen • Übungen zum Alphabet im Wörterverzeichnis/-buch • Wortfamilie • Reime • Übungsdiktat	Personalpronomen als Stellvertreter von Nomen verwenden • Begriff „Satzglied" einführen • Satzglieder umstellen • Prädikat einführen und als Satzgründer erfassen • Numerale schreiben • von Verben abgeleitete Nomen erkennen und bilden • Wortfamilie • zusammengesetzte Nomen (Wortbrücke)	Brieffreundschaften knüpfen • Zungenbrecher umstellen, sprechen, auf Kassette aufnehmen • Austauschen über Lieblingsspeisen, einige herstellen, z. B. Pfirsichbowle, Möhrensalat, … • Tipp/ Kinderbuch: Christine Nöstlinger „Liebe Susi, lieber Paul" • (weiterer Vorschlag: Hobbys vorstellen)

Kapitel	Sprechen und Zuhören	Schreiben/ Texte verfassen
Früher und heute Seite 71 – 78	Bild und Gedicht als Sprechanlass: „Früher" und „Heute" im Bild entdecken • Informationen aus einem Sachtext entnehmen und wiedergeben • über das Reisen in alter Zeit sprechen • zwei Fahrräder miteinander vergleichen • ein Gespräch (Interview) mit verteilten Rollen lesen • Fragen zum Interview formulieren • Meinungen zu Poesiealben (oder Erinnerungsbüchern) äußern • Geschichten über Historisches (alte Gegenstände) erzählen	Mit Sammelwörtern arbeiten• wörtliche Rede mit Begleitsatz aufschreiben (Einführung) • Erinnerungsbuch: Sprüche sammeln und aufschreiben • eine Werbeanzeige anfertigen • Zukunftswerbung ausdenken
Im Frühling Seite 79 – 88	Bild und Liedanfang als Erzählanlass: Frühlingseindrücke mit allen Sinnen wahrnehmen • zu einer Bildfolge erzählen oder spielen • Sachinformationen aus Texten entnehmen, darüber sprechen	Zu einer Bildfolge eine Geschichte verfassen • Sätze mit Vergleichswörtern *so – wie* und *als* aufschreiben • Tätigkeitsbeschreibung (Osterei schmücken), Reihenfolge der Sätze beachten, Sammelwörter nutzen
Der Natur auf der Spur Seite 89 – 96	Bild und Gedicht als Sprechanlass • Naturprojekt (Krötenzaun) beraten • Sammelwörter nutzen • Informationen (über Bäume der Umgebung) einholen und im Gespräch auswerten • Geschichten aus der Sicht eines Baumes erzählen • einem Sachtext (über Lebewesen in der Stadt) Informationen entnehmen • eigene Naturbeobachtungen wiedergeben	Textsorten vergleichen • einen Aufruf schreiben • über ein Vorhaben berichten (Wandzeitung) • eine Geschichte weitererzählen • ein kleines Gedicht oder einen Text zur Naturwahrnehmung verfassen
Wusstest du schon? Seite 97 – 104	Bild und Gedicht als Sprechanlass: verschiedene Informationsquellen besprechen • Gespräch über Medien und Medienerfahrungen führen • Informationen zum Thema Computer austauschen • Wissensquiz veranstalten	Schreiben und Gestalten eines Gebrauchstextes (Einladung) mithilfe des Computers • Beherrschen elementarer Bedienhandlungen • mit Sammelwörtern arbeiten • einfache Bedienungsanleitung für den Computer aufschreiben • Wissenskartei anlegen (Frage- und Antwortkarten)
Mit Tieren leben Seite 105 – 114	Bild und Gedicht als Erzähl- und Sprechanlass • Informationen einem Text entnehmen • Fragen sachgerecht beantworten • fallrichtiges Sprechen • über einen Text in der Schreibkonferenz beraten (Einführung)	Schreibkonferenz einführen: Erzählen und Überarbeiten eines Tiererlebnisses • Erzähltexte gliedern • Suchanzeige prüfen und überarbeiten • eine eigene Suchanzeige entwerfen • Tierreime oder Tier-Memory ausdenken
Bücher, Bücher, … Seite 115 – 122	Bild, Gedicht und Stichpunkte als Sprechanlass: wie ein Buch entsteht und weiter lebt • Buchvorstellung im Gespräch planen • einem Publikum das Buch vorstellen	Informationen entnehmen • Textstellen den Bildern zuordnen • kleines Buchprojekt: Fantasietiere erfinden und beschreiben • Fantasiegeschichte zum Fantasietier erstellen
Im Sommer Seite 123 – 130	Bild und Gedicht als Erzähl- und Sprechanlass: über Sommerwünsche und -träume sprechen • Wanderpausenspiel • Gespräch über Ferienwünsche • Geräuschgeschichten erfinden und spielen	Akrostichon weiterführen • Sätze einer Bildfolge zuordnen (Gewittergeschichte) • Weitererzählen einer angefangenen Gewittergeschichte • Ferienwunschprogramm zusammenstellen (Ferienkalender) • Ferien-Tipps aufschreiben

Rechtschreiben	Sprache und Sprach- gebrauch untersuchen	Projekte / Fächer- übergreifende Ideen
Das Präteritum verwenden • die Vergleichswörter *so – wie und als* einführen • die wörtliche Rede mit Begleitsatz einführen, Zeichensetzung beachten • fallrichtig sprechen: Wem-Fall • Satzarten • Wörter in Wörtern entdecken	Zeichensetzung in wörtlicher Rede (Einführung) • Wörter mit *pf*/mit dem Grundwortschatz arbeiten: Nomen in Singular und Plural • zusammengesetzte Nomen • Wortbedeutung erklären • Reime • Wörter in Wörtern entdecken • Übungsdiktat als Würfeldiktat • Fremdwörter mit Wortteillücken schreiben	Poesiealbum (Erinnerungs-, Freundschaftsbuch) anlegen und austauschen • Ausstellung: „Früher" planen und gestalten (Gegenstände, Fotos, alte Werbeplakate, alte Poesiealben, Lackbilder, … ausstellen) • Nachforschungen über Geschichten anstellen, die sich hinter alten Gegenständen verstecken • Bilderrätsel lösen • einen Werbekatalog für die Zukunft erstellen (Collage)
Vergleichswörter *so – wie und als* verwenden • die Steigerungsstufen der Adjektive einführen: Grund-, Mehr-, Meiststufe • Wortstammarbeit • Prädikate erkennen und ergänzen • Wortbedeutung für die richtige Schreibweise erkennen	Wörter mit *sp, st/lk, nk, rk, lz, nz, rz* und *h (im Stammauslaut)* /mit dem Grundwortschatz arbeiten: Wörter hören und schreiben • Wortfamilie, Wortstamm • Nomen in Singular und Plural • zusammengesetzte Nomen • Wortbedeutung im Satz erkennen und Wörter richtig schreiben • Steigerungsstufen von Adjektiven (Einführung) • Geheimschrift (Skelettschrift) • konjugierte Verben • Lernstrategie (Tipp): Dosendiktat	Osterbräuche unserer Heimat und anderer Länder erkunden und vorstellen • gemeinsame Osterbasteleien • (weitere Vorschläge: Tierkinder thematisieren, z. B. Streichelzoo besuchen; Tierbilder sammeln; Naturbeobachtungen (z. B. erste Frühlingsboten) …
Subjekt einführen: Lebewesen oder Gegenstände als Subjekt erfassen • Wer-oder-Was-Frage nach Subjekt formulieren und anwenden • Anbahnen: Übereinstimmung von Subjekt und Prädikat nach Person und Zahl erkennen	Wörter mit *ä, äu*/mit dem Grundwortschatz arbeiten: Reime • Wortstamm (mit Umlauten) • konjugierte Verben • Nomen im Plural • Steigerung von Adjektiven • Tipp zur Arbeit mit einem Wörterbuch • Übungsdiktat: Fehler erkennen, berichtigen und die richtige Schreibweise begründen	Kleines Naturprojekt planen, darüber berichten • Quiz zu Lebewesen erweitern und spielen • Natur mit allen Sinnen wahrnehmen • Naturbilder malen • (weitere Vorschläge: Materialien über Naturschutz sammeln; Naturplätze fotografieren, -gedichte sammeln und vorstellen)
Anbahnen: zweiteilige Prädikate erkennen (trennbar zusammengesetzte Verben; zusammengesetzte Verbformen) • Wortschatzerweiterung (Computerfachbegriffe) • Personalpronomen gebrauchen	Wörter mit *hl, hm, hn, hr* (im Wortstamm)/mit dem Grundwortschatz arbeiten • zusammengesetzte Nomen • Adjektive vor Nomen • Geheimschrift (Skelettschrift) • Wortstamm • Bedeutungsunterschied von Wörtern erkennen und anwenden • Lernstrategie: Joker-Wort im Übungsdiktat	Arbeit mit dem Computer • Wissensrunde, Anlegen einer Wissenskartei: eigene Karten herstellen, vorhandene Quizfragen sammeln und nutzen • (weiterer Vorschlag: verschiedene Medien nutzen, z. B. Kinderzeitschriften, Nachschlagewerke, Internet)
Wortschatzerweiterung (Verben) • fallrichtiges Sprechen und Schreiben: Wem-Fall und Wen/Was-Fall, auch nach Präpositionen • Zeichensetzung bei wörtlicher Rede • Verben für Begleitsätze sammeln • nach Subjekt und Prädikat fragen • Kuddelmuddelsätze umformen	Wörter mit *ie* und *ieh*/mit dem Grundwortschatz arbeiten: Reime • Wortfamilie • Wortstamm • Ableitungen und Zusammensetzungen: konjugierte Verben • Kuddelmuddelsätze • Arbeit mit dem Wörterverzeichnis/-buch • Adjektive vor Nomen • zusammengesetzte Verben in Sätzen • Übungsdiktat • Rechtschreibgespräche in Schreibkonferenzen • Zeichensetzung bei wörtlicher Rede • Kommaregel bei Aufzählung anbahnen	Tierspiele: Memory • (weitere Vorschläge: Haustiere verantwortungsbewusst pflegen; Informationen über Tierheime einholen, …)
Zeitformen der Verben anwenden	Wörter mit *ss* und *ß*/mit dem Grundwortschatz arbeiten: Wortfamilie • zusammengesetzte Nomen • zusammengesetzte Verben (Vorsilben) • konjugierte Verben (auch Leitformen) • Gegensatzpaare • langer/kurzer Vokal (Regel *ss*/*ß*) • Lückenwörter • Reime • Übungsdiktat	Buchprojekt: eigenes Buch herstellen und vorstellen • Bild-Collage zu Fantasietieren • Fantasietiere samt ihrer Umgebung basteln • (weitere Vorschläge: über Lieblingsbücher reden; Autor/in zum Gespräch einladen)
Abgeleitete Adjektive auf *-ig* und *-lich* • Wortbildung: von Adjektiven abgeleitete Nomen erfassen • fallrichtiges Sprechen: Wessen-Fall anbahnen • Wortfamilien zusammenstellen, nach Wortarten ordnen • zusammengesetzte Nomen (Wortbrücken)	Wörter mit *aa, ee, oo*/mit dem Grundwortschatz arbeiten: Reime • zusammengesetzte Nomen (Wortbrücken) • Buchstabendrillinge • Rechtschreibgespräch • Bedeutungsunterschied von Wörtern erkennen und anwenden • Wortfamilie • Wortstamm • Wörter nach Wortart ordnen	Ferienplan aufstellen • Ferientipps geben • Geräuschgeschichten ausdenken und vorführen • (weitere Vorschläge: Feriengrüße schicken – Postkarten, Briefe – ; Andenken sammeln)

Auflösungen

S. 14 SCHULE; **S. 18** Ich will mit dir gehen. **S. 36** die Kette; **S. 54** die Schlittschuhe, die Nuss, der Kuss; **S. 57** Tanne, Wanne, Kanne; **S. 66** Würfelzucker, Zuckerkuchen, Puderzucker, Zuckerguss; **S. 67** die Hausecke/der Eckzahn, der Würfelzucker/die Zuckerdose, die Winterjacke/der Jackenknopf; **S. 75** Lebe glücklich, lebe froh, wie die Maus im Haferstroh! **S. 77** PFAU (Bilderrätsel); **S. 95** Kätzchen, der Bär; **S. 102** das Ohr, die Uhr; **S. 112** die Biene, die Fliege, die Ziege; **S. 128** die Ostsee/der Seeräuber, das Ehepaar/der Paarlauf, der Früchtetee/die Teekanne, der Bohnenkaffee/die Kaffeetasse, das Waldmoos/das Moospolster

Textquellen

Auer, M. **91** Noch eine Autobahn/„Noch". In: Großer Ozean. Hrsg. von H.-J. Gelberg. Weinheim und Basel: Beltz & Gelberg 2000 (Programm Beltz & Gelberg); **105** Ich hatte einen Traum. In: Überall und neben dir. Weinheim u. Basel: Beltz & Gelberg 1989 (Programm Beltz & Gelberg);

Borchers, E. **19** Es kommt eine Zeit/„September" (gek.); **123** Im Sommer möchte ich … /„Februar" (gek.). In: Großer Ozean. Hrsg. von H.-J. Gelberg. Weinheim u. Basel: Beltz & Gelberg 2000 (Programm Beltz & Gelberg)

Brüder Grimm **39** Ach, wie gut, dass niemand weiß (Rumpelstilzchen); Kikeriki, unsere goldene Jungfrau ist wieder hie (Frau Holle). In: Die schönsten Kinder- und Hausmärchen. Rastatt: Arthur Moewig 1988; **40f.** Der Hase und der Igel (geänd.). In: Kinder- und Hausmärchen der Brüder Grimm. Berlin: Der Kinderbuchverlag 1963

Bydlinski, G. **89** Auf dem sonnenwarmen Asphalt/„Die Krötenstraße" (gek.). In: Die bunte Brücke. Wien: Herder & Co. 1992

Guggenmos, J. **110** Es flog vorbei im Sonnenschein (geänd.). In: Oh, Verzeihung, sagte die Ameise. Weinheim und Basel: Beltz & Gelberg 1990 (Programm Beltz & Gelberg)

Hacks, P. **96** Wiese, grüne Wiese (gek.). In: Der Flohmarkt. Berlin: Der Kinderbuchverlag 1976

Heinrich, K. **54** Man isst es nicht, man trinkt es nicht (geänd.); Zieht Striche und Kreise (gek.); **102** Was geht ohne Füße? Wer hört alles? In: Kinder, kommt und ratet. Rätselsammlung. Neuwied: Luchterhand Verlag 1984

Kirsch, R. **20** Der Wind ist aus Luft (gek.). In: Der Wind ist aus Luft. Berlin: Der Kinderbuchverlag 1984

Könner, A. **96** Wer mäuschenstill am Bache sitzt (gek.). In: Das leise Gedicht. Berlin: Altberliner Verlag 1971

Korschunow, I. **35** Wie Uli mein Freund wurde/„Jerzy aus Polen" (gek.). In: Leselöwen-Stadtgeschichten. Bindlach: Loewes Verlag 1989

Krenzer, R. **39** © by Rolf Krenzer, Dillenburg

Krüss, J. **13** Wenn das Qu nicht wär erfunden/Nach „Wenn das M nicht wär erfunden" (gek.). In: Bienchen, Trinchen, Karolinchen. Erlangen: Boje-Verlag 1969; **87** Der Apfelbaum ist aufgeblüht (gek.). In: Scheine, Sonne, scheine. Gedichte für Kinder. Hrsg. von Ernst Bühler und Margrit Lobeck. Bern, Wien: Haupt 1992

Manz, H. **97** Die Mutter erzählte … /„Betthupferl". In: Großer Ozean. Hrsg. von H.-J. Gelberg. Weinheim u. Basel: Beltz & Gelberg 2000 (Programm Beltz & Gelberg)

Nahrgang, F. **32** Nichts für Papas (geänd.). In: Lene und Peter packen aus. München: Deutscher Taschenbuch Verlag 1994

Nöstlinger, Ch. **70** Lieber Paul (gek. u. geänd.); Liebe Susanna (gek. u. geänd.). In: Liebe Susi, lieber Paul! Liebe Oma, Deine Susi! Wien: Dachs-Verlag 1994

Petri, W. **31** Sehnsucht (geänd.). In: Großer Ozean. Hrsg. von H.-J. Gelberg. Weinheim u. Basel: Beltz & Gelberg 2000 (Programm Beltz & Gelberg)

Rathenow, L. **60** Ich freu mich, dass ich Augen hab (geänd.). In: Sterne jonglieren. Hrsg. von U.-M. Gutschhahn. Ravensburg: Buchverlag Otto Maier 1989

Schwarz, R. **69** Der Bleistift mag den Spitzer nicht/ „Keine Freundschaft". In: Großer Ozean. Hrsg. von H.-J. Gelberg. Weinheim und Basel: Beltz & Gelberg 2000 (Programm Beltz & Gelberg)

Stempel, H./Ripkens, M. **71** Was die Großen nicht mehr lieben/„Rumpelkammer" (gek.). In: Purzelbaum. Verse für Kinder. München: Heinrich Ellermann 1972

Tuckermann, A. **33** Yunus lebt bei seiner Mutter (frei nacherz.). In: Ein Buch für Yunus. München: Erika Klopp Verlag 1997

Zeevaert, H. **54** Sie will zwar nicht, … /„Der Nussknacker". In: Großer Ozean. Hrsg. von H.-J. Gelberg. Weinheim u. Basel: Beltz & Gelberg 2000 (Programm Beltz & Gelberg)

30 Apfelmüsli/„Frühstücksmüsli" (gek.). In: Lesebuch für die 2. Schulstufe. Wien: Österreichischer Bundesverlag 1988

38 Redestab, Ideenkarten (Nach einer Idee von Gisela Walter). In: Kinder spielen Theater. Niedernhausen/ Ts.: Falken 1993

88 Stiep, stiep, Osterei; Ich bring dir eine Osterrut' (gek.). In: Nicht nur zur Osterzeit. Hrsg. von G. Bull. München: Deutscher Taschenbuch Verlag 1999

91 Ein neuer Baum muss her! (geänd.). In: Bild der Frau. Nr. 25 vom 18. Juni 2001

Bild- und Fotoquellen

20 Aus: Der Wind ist aus Luft. Ill. von Carl Hoffmann. Berlin: Der Kinderbuchverlag 1984

58 Nach: Fröhlich freche Schminkgesichter. Edwards, Chr./Mountstephens, D.; Köln: Tigris Verlag o. J.

72 Museum für Kommunikation Frankfurt am Main

73 re. Klaus Fischer, Berlin; li. privat

74 Volker Döring, Hohen-Neuendorf

12, 29, 75, 88 o., 95 Tobias Schneider, Berlin

82 Erich Kuch, Hohebach

83 o., 88 Aus: Das große Geschenke- und Bastelbuch. Naumann & Göbel Köln, o. J.

88 u. Das Waleien, Ill. von Martin Nowak-Neumann

90 Bildarchiv Erich Hoyer/Duty, Galenbeck

91 o., 93, 110 Harald Lange, Bad Lausick

91 u. Pressefotos Georg Lukas, Essen

Wir danken allen Rechtsinhabern für die Druckerlaubnis. In einigen Fällen war es uns nicht möglich die Rechtsinhaber zu ermitteln. Der Verlag ist hier bereit rechtmäßige Ansprüche abzugelten.